L'ORDONNANCE
ÉCONOMIQUE
POUR LES PAYS EN
DÉVELOPPEMENT

par
MAHFOUD B. SELLAMA

**MASTER EN RELATIONS INTERNATIONALES ET
RÉSOLUTION DE CONFLITS**
Diplômé de l'American Public University
Virginie-Occidentale, États-Unis

Il s'agit d'une traduction française du livre : **L'ORDONNANCE ÉCONOMIQUE POUR LES PAYS EN DÉVELOPPEMENT** La version française est une traduction de l'original en anglais.

Le livre est disponible en quatre langues : anglais, français, arabe et espagnol.

Revue Éditoriale – La Prescription Économique pour les Pays en Développement

Cher Monsieur Sellama,

Nous espérons que cette lettre vous trouve en bonne santé. Nous sommes heureux d'avoir travaillé sur votre manuscrit et devons admettre qu'il est assez unique en son genre, offrant un large éventail de solutions aux problèmes toujours présents dans les pays en développement. À notre avis professionnel, nous sommes à l'aise pour dire qu'il aborde un thème exclusif et qu'il s'agit effectivement d'une œuvre très bien documentée. C'est un grand plaisir pour nous de le corriger, et cela a été un véritable apprentissage. Les informations sont convaincantes et bien développées, ce qui permet de captiver facilement le public. Aucun aspect du manuscrit n'est ennuyeux ; chaque chapitre est aussi intéressant que le précédent et apporte une nouvelle information, contribuant ainsi à un livre très complet.

Passons maintenant en revue chaque aspect en détail.

Ton

Le ton de *La Prescription Économique pour les Pays en Développement* est à la fois pratique et facile à comprendre. Le livre aborde des problèmes majeurs comme la pauvreté, l'instabilité politique et la réforme économique dans un langage simple qui permet aux lecteurs de suivre aisément. La voix de l'auteur est forte, concentrée sur la proposition de solutions concrètes, tout en inspirant espoir et motivation. Le livre invite les lecteurs à réfléchir sur leur propre pays et sur les changements majeurs qui pourraient améliorer la situation. Il explique des problématiques telles que la corruption, la dépendance excessive envers les pays riches, et les lenteurs administratives d'une manière réaliste et accessible, surtout pour les personnes vivant dans les pays en développement. Le ton est à la fois amical et bienveillant, ce qui facilite la connexion avec un large éventail de lecteurs. En même temps, il incite à l'action et à l'innovation dans la résolution des problèmes.

Trame

L'idée principale du livre est d'examiner pourquoi certains pays restent sous-développés et de montrer comment ils peuvent améliorer leur économie et leur gouvernement. L'auteur aborde des problèmes essentiels comme les privations, les gouvernements instables et la corruption, tout en soulignant les systèmes et règles à réformer. Sellama explique comment les pays peuvent utiliser leurs ressources—terres, main-d'œuvre, capitaux et idées entrepreneuriales—pour amorcer la croissance économique. Le livre met en lumière des sujets comme les dépenses excessives dans le militaire et les effets néfastes des monopoles et de la corruption. Il insiste également sur l'importance du patriotisme, de la fierté nationale et d'un bon gouvernement pour le progrès social. Chaque chapitre s'appuie sur le précédent, rendant le livre clair et facile à suivre. L'auteur aborde des thèmes variés comme la création de petites entreprises locales, l'amélioration de l'éducation, l'innovation technologique et la protection de l'environnement, offrant ainsi un plan complet pour aider les pays à croître et réussir.

Langage

Le livre utilise un langage simple et clair, rendant ses idées essentielles accessibles à tous. Même si les sujets sont sérieux et demandent une réflexion approfondie, la manière dont ils sont présentés permet à des lecteurs aux niveaux éducatifs variés de suivre aisément. Les phrases sont courtes et directes, et l'auteur explique les concepts sans utiliser de termes complexes. Le livre inclut des exemples concrets, des citations de personnalités célèbres et des anecdotes historiques qui rendent les propos crédibles et accessibles. Ces illustrations aident les lecteurs à s'identifier aux idées et à envisager leur application dans leur propre vie. L'auteur utilise également des comparaisons et des récits simples pour expliquer des notions complexes liées à l'économie et au gouvernement, rendant la lecture accessible à tous. En gardant un langage clair et en évitant le jargon, le livre facilite la projection des lecteurs dans l'application pratique des idées dans leurs communautés. Cela renforce leur confiance dans leur capacité à apprendre et à agir, quels que soient leurs points de départ. Cette approche rend l'ouvrage utile pour un large public, incluant étudiants, enseignants, leaders communautaires et même fonctionnaires.

Pertinence pour le public cible

Les idées présentées dans ce livre sont importantes pour tous, mais elles prennent une signification particulière pour les populations des pays en développement. Il aborde des problèmes réels tels que la rareté des ressources, l'exploitation, l'instabilité des régimes et la dégradation de l'environnement. Le livre montre comment ces enjeux affectent quotidiennement des millions de personnes. Sellama explique également comment l'absence de bonnes écoles et une mauvaise gouvernance peuvent freiner la croissance d'un pays. Ce sont des défis auxquels font face de nombreuses nations en développement, et le livre les traite en profondeur.

Le livre ne se contente pas de souligner les problèmes ; il propose de vraies solutions que chacun peut mettre en œuvre pour améliorer les choses. Cela donne de l'espoir aux lecteurs et leur fait croire qu'ils peuvent faire une différence. Il montre que chacun a un rôle à jouer et que, en travaillant ensemble, les communautés peuvent surmonter de grandes difficultés. Le livre encourage les lecteurs à se voir comme une partie de la solution et les inspire à agir pour aider leur pays à avancer. En parlant à la fois des luttes et des solutions, le livre crée un lien entre les idées et la vie réelle. Il rappelle aux lecteurs que le progrès se réalise lorsque les gens collaborent et prennent la responsabilité de faire changer les choses. Cela rend le livre à la fois inspirant et pratique pour tous ceux qui souhaitent contribuer à améliorer leur communauté ou leur pays.

Livres similaires

Les lecteurs qui ont apprécié des ouvrages comme *Beating the Odds: Jump-Starting Developing Countries* de Justin Yifu Lin ou *Turnaround: Third World Lessons for First World Growth* de Peter Blair Henry retrouveront dans *The Economic Prescription for Developing Countries* de Mahfoud B. Sellama une profondeur d'analyse et une inspiration similaires.

- *Beating the Odds: Jump-Starting Developing Countries* : Ce livre explore comment les pays pauvres peuvent déclencher une croissance économique sans attendre une action globale ou des conditions locales idéales. Il remet en question les idées reçues et propose des stratégies pratiques pour le développement.

- *Turnaround: Third World Lessons for First World Growth* : Henry y discute des leçons que les pays développés peuvent tirer des politiques économiques des pays en développement. Il met l'accent sur l'importance de la discipline et des choix pragmatiques pour parvenir à la croissance.

- *How Nations Escape Poverty* : Zitelmann analyse les transformations économiques de pays comme la Pologne et le Vietnam, soulignant le rôle de la croissance capitaliste et des réformes entrepreneuriales dans la sortie de la pauvreté.

Ces comparaisons soulignent la perspective distinctive de Sellama tout en plaçant *The Economic Prescription for Developing Countries* dans un cadre plus large d'ouvrages influents sur la croissance économique et la transformation. Les lecteurs qui apprécient les analyses pratiques et les stratégies inspirantes de titres comme *Beating the Odds* ou *Turnaround* découvriront dans ce livre des idées et solutions tout aussi convaincantes.

Recommandations

The Economic Prescription for Developing Countries est un ouvrage important qui contient des idées fortes pour améliorer la vie des populations dans les pays en développement. Vu sa pertinence et ses conseils pratiques, il est essentiel de promouvoir largement ce livre dans ces pays. Les réseaux sociaux sont un excellent moyen de faire connaître ce livre, permettant de toucher divers publics : enseignants, responsables gouvernementaux, militants et citoyens ordinaires désireux d'améliorer leurs communautés. Le livre traite de l'indépendance économique par la valorisation des forces propres à chaque pays, l'innovation, et la protection de l'environnement. Ce sont des sujets que les gouvernements, les ONG et les leaders communautaires trouveront très utiles.

Pour maximiser son impact, le livre doit être largement diffusé via les plateformes en ligne. Ce type d'ouvrage est toujours utile car il apporte des idées durables et lance des conversations essentielles sur l'amélioration des conditions. En touchant un large public, ce livre peut inspirer des changements positifs et encourager la coopération au sein des communautés pour bâtir un avenir meilleur. Plus précisément, il propose des étapes claires pour améliorer les économies, comme la création d'emplois, l'amélioration de l'éducation et l'utilisation de la technologie pour résoudre les problèmes. Il évoque également la coopération internationale pour renforcer la croissance. S'il est bien promu, ce livre peut devenir un outil puissant pour aider de nombreux pays à progresser et à améliorer la vie de leurs citoyens.

Contents

Introduction

On croit que le développement résulte de la disponibilité et de l'utilisation des facteurs de production tels que la terre, le travail, le capital et les entrepreneurs. Cependant, parfois ces facteurs seuls sont insuffisants pour lancer une économie ou stimuler le développement dans des pays qui manquent soit d'une orientation économique, soit d'une décision politique ferme pour passer du point A au point B. Certains pays manquent des deux, ce qui rend extrêmement difficile même le commencement.

Dans le monde actuel, certains pays ne possèdent que quelques-uns de ces facteurs de production et manquent des autres, ce qui complique encore l'atteinte de l'industrialisation. Il est important de se rappeler que même si un pays possède tous ces facteurs, il ne peut pas atteindre le développement sans un gouvernement sérieux engagé à prendre des mesures rigoureuses. Une décision économique et politique est essentielle pour lancer une « Révolution Économique ».

Ce livre traite du sous-développement persistant dans de nombreux pays. Il proposera des idées pour créer des infrastructures économiques et politiques, générer des emplois, améliorer la production, l'éducation et le service à la clientèle, et augmenter le revenu national. Pour offrir des remèdes permettant de lancer une révolution économique, il faut aborder les causes multiples et complexes qui sous-tendent la stagnation des pays en développement.

Le livre est écrit dans un langage simple afin de garantir son accessibilité aux personnes de différentes langues et niveaux d'éducation. Il sert de résumé de stratégies économiques simples qui posent les bases d'une économie plus sophistiquée.

La pauvreté dans les pays en développement

Beaucoup se demandent si la pauvreté est prédestinée ou si elle résulte de circonstances difficiles diverses. Selon Nelson Mandela, la pauvreté est créée par l'homme, tout comme l'esclavage. Il soutenait que les gouvernements sont responsables des mauvaises conditions de vie de toute personne. « Il n'y a pas de pays pauvre, seulement un gouvernement défaillant qui ne sait pas comment répartir adéquatement la richesse », a déclaré Noam Chomsky.

Certains penseurs estiment que le Nord veut maintenir le Sud tel qu'il est. En d'autres termes, le Nord veut garder le Sud comme « le grenier à pain du Nord ». Dans cet arrangement, le Sud fournit au Nord des ressources naturelles telles que le pétrole, le gaz, le fer, l'uranium, l'acier, l'or, les diamants et le bois, en échange de produits transformés comme des médicaments, des machines, des outils — et parfois de la nourriture. Certains pays en développement fournissent au Nord des fruits et légumes bon marché, comme c'est le cas du Mexique, du Chili et du Brésil, qui approvisionnent les États-Unis, ou des pays d'Afrique du Nord vers l'Europe du Sud.

Le Sud se retrouve piégé dans une dépendance profonde vis-à-vis des produits essentiels venant du Nord en échange de tout ce qu'il possède de précieux. La plupart des dirigeants des pays en développement pensent que fournir toutes les ressources nécessaires au Nord est la manière la plus rapide et la plus efficace de garantir le soutien des dirigeants du Nord. Ils le font parce qu'ils s'attendent à ce que ces derniers les aident, ainsi que leurs familles, à acquérir le droit de résider dans le Nord une fois à la retraite.

Selon Xavier Driencourt, ambassadeur de France en Afrique du Nord, « Certains dirigeants et responsables des pays en développement supplient pour obtenir des visas pour que leurs enfants aillent étudier dans le Nord. » Ces enfants finiront par s'installer dans le Nord et s'occuperont des propriétés et de l'argent que leurs pères y auront transférés pendant qu'ils étaient au pouvoir.

Bien que des millions de citoyens se plaignent de cette dépendance, c'est toujours en vain. Les dirigeants de certains pays en développement ont établi une culture qui rend le succès de leurs économies dépendant du Nord.

L'instabilité politique

La stabilité politique est très importante pour le développement économique d'un pays. Un pays qui connaît des changements continus de gouvernement ou de responsables ne peut jamais lancer une économie. Un gouvernement a besoin de stabilité afin de se concentrer sur ses projets et ce qui doit être fait dans chaque domaine.

De plus, un pays traversant une guerre civile, par exemple, n'aura jamais le temps, l'énergie ni l'argent nécessaires pour aller de l'avant, car l'attention est centrée sur la guerre et jamais sur l'économie. Malheureusement, beaucoup de pays en développement se retrouvent pris dans une guerre civile à un moment ou à un autre. Une guerre civile, comme on le sait, peut durer des années et entraîner des pertes énormes en vies humaines, en argent et en infrastructures.

À ce stade, les citoyens devraient avoir le dernier mot pour exprimer leur volonté d'appeler toutes les milices ou guérillas (ou quel que soit leur nom dans ce pays) à cesser le combat. Il est dans l'intérêt de tous de se concentrer sur la réparation de l'économie et le retour du pays sur la bonne voie. Les citoyens ont le droit de vivre leur vie et de réaliser leurs rêves. Ils ne veulent pas être pris au milieu d'un conflit entre deux gouvernements ou deux partis s'affrontant.

Je suis né dans un pays en développement, et je sais que chaque citoyen a des rêves simples : avoir un emploi, une maison, une famille, une voiture, et surtout de la stabilité.

Presque tout être humain croit que la politique est un jeu sale. Une autre croyance courante est que, contrairement aux autres jeux, la politique n'a pas de règles. Malheureusement, lorsque cet humain prend le pouvoir, il oublie cette idée. Le pouvoir, l'argent, la luxure et le prestige prennent le dessus et le tournent contre sa propre espèce. On dit que les humains sont la seule espèce qui se déteste et se tue entre eux. Un lion ne tue jamais un autre lion, et un chien ne tue jamais un autre chien.

La stabilité politique est essentielle pour la stabilité économique. Cependant, son absence peut faire perdre au pays toute qualité de vie et tous les moyens de survie. L'instabilité politique a fait reculer de centaines d'années de nombreux pays. Les populations ont tout perdu : tout ce qu'elles avaient, tout ce pour quoi elles avaient travaillé, presque tous leurs proches, et surtout leurs rêves. Peut-être qu'à la fin du conflit, les gens se demanderaient si cette guerre était vraiment nécessaire. Lorsque la Seconde Guerre mondiale s'est terminée, les gens ont posé une question intéressante : « À quoi tout cela a-t-il servi ? » Il faut garder à l'esprit qu'il est extrêmement difficile de relancer une économie après une période de guerre civile !

L'Occident et les pays en développement

Beaucoup de personnes dans les pays en développement accusent l'Occident ou les pays riches de leur pauvreté. Ils pensent que ces pays riches prennent presque gratuitement leurs ressources pour se développer, les laissant sans moyens de produire des biens et des services.

Certains affirment que leurs gouvernements sont complices de l'Occident pour les maintenir dans la pauvreté. Certains dirigeants sont accusés de servir l'Occident en échange du droit de résidence pour eux-mêmes et leurs familles. En outre, beaucoup reprochent à l'Occident de permettre à certains dirigeants de transférer facilement des millions de dollars vers des banques occidentales sans leur demander l'origine de ces fortunes. Aux États-Unis, par exemple, si une personne dépose plus de 10 000 dollars, le gouvernement a le droit de demander l'origine de cet argent ; cela pourrait provenir de blanchiment d'argent ou d'autres pratiques douteuses. La France est un autre exemple avec des lois strictes concernant les dépôts des citoyens. Les citoyens ne peuvent pas déposer plus de 1 000 euros de peur que le gouvernement ne leur demande l'origine de cet argent. Ironiquement, ces deux pays permettent aux dirigeants des pays en développement de transférer des millions de dollars sur des comptes personnels sans demander l'origine de cet argent.

Certains citoyens des pays en développement pensent que l'Occident utilise leurs terres comme des greniers pour nourrir sa population. En raison du coût de production des fruits, légumes, céréales et autres produits, l'Occident préfère acheter ces récoltes aux pays-greniers pour quelques dollars. Puisque les récoltes sont bon marché en dollars, et que les paysans ou agriculteurs dans les pays en développement gagnent en moyenne entre 0,65 et 2 dollars par jour, le coût est alors minimal, et le profit énorme. Les mêmes pratiques se retrouvent dans la production de vêtements, machines, outils, tissus et autres articles. Par conséquent, de nombreuses usines ont été déplacées dans les pays en développement en raison du faible coût et des profits élevés.

La corruption

La corruption, ce cancer économique, a envahi tous les aspects de la vie dans les pays en développement et a contribué à la pauvreté de millions de personnes. Malheureusement, l'étiquette de corruption est souvent automatiquement associée aux dirigeants de ces pays ; lorsqu'on demande quelles sont les causes de la pauvreté, beaucoup désignent directement la corruption. Hélas, certains responsables semblent ne se soucier que de leur propre bien-être et de celui de leur famille.

Il est bien connu dans certaines nations que des hauts fonctionnaires détournent directement de l'argent du trésor public, prélèvent illégalement une partie des revenus tirés des ressources naturelles telles que les diamants et l'or, ou obtiennent des prêts bancaires qu'ils n'ont jamais l'intention de rembourser.

Certains ministres ou membres du cabinet, n'ayant pas un accès direct au trésor, peuvent volontairement saboter la production de certains biens ou la culture de grains, fruits et légumes spécifiques. Cela crée des pénuries sur le marché, leur permettant d'importer ces produits depuis le Nord, siphonnant ainsi habilement et sournoisement de l'argent. Par exemple, ces responsables pourraient cibler des fermes produisant des denrées essentielles pour conclure des accords opaques afin d'acheter ces produits et pallier les pénuries. Une fois une ferme appropriée identifiée, ils font une offre au gestionnaire. Vu l'ampleur de l'achat — destiné à répondre aux besoins de toute une nation — l'agriculteur accepte souvent, ce qui garantit un commerce important et durable pour sa ferme. Jusqu'ici, tout semble correct. Toutefois, la malversation intervient lorsque les responsables exigent que l'agriculteur verse toutes les commissions directement sur leurs comptes bancaires personnels, plutôt que dans le trésor national. De plus, ces responsables ne déclarent jamais ces commissions à leurs supérieurs. Si un agriculteur refuse l'accord, soupçonnant une fraude aux fonds publics, les responsables poursuivent simplement leur recherche jusqu'à trouver un partenaire complaisant.

Ensuite, certains responsables recherchent des agriculteurs capables de fournir des produits délibérément rendus rares — encore une fois pour faciliter l'importation à des fins personnelles. Dans ces stratagèmes plus sournois, les responsables demandent à l'agriculteur de gonfler la facture et de verser la différence sur leur compte personnel. Par exemple, supposons qu'un kilogramme de tomates coûte 2 dollars dans les fermes européennes, et que le pays ait besoin d'environ 3 millions de tonnes par an. Un responsable pourrait ordonner à l'agriculteur d'inscrire 3 dollars par kilogramme sur le reçu. Si l'agriculteur accepte, il émettrait un reçu de 9 millions de dollars au lieu de 6 millions, et la différence de 3 millions serait versée sur le compte bancaire personnel du responsable. Si l'agriculteur refuse, suspectant une fraude gouvernementale, le responsable chercherait un autre agriculteur prêt à se prêter à ce montage corrompu. Ce schéma se répète chaque fois qu'un produit est en pénurie, montrant l'ampleur des fonds détournés par ces responsables pour leur enrichissement personnel.

Ces pratiques s'étendent à d'autres achats essentiels, tels que les équipements médicaux pour les hôpitaux, les machines pour les usines, les armes pour l'armée, et les avions pour les compagnies aériennes. Si tous les responsables se comportent ainsi, le pays peut perdre des millions, voire des milliards de dollars, entraînant la fermeture de fermes et d'usines ainsi que des licenciements massifs, puisque le gouvernement importe tout. La plupart des habitants des pays en développement sont conscients de ces pratiques corrompues, mais se sentent impuissants à les arrêter, par crainte de représailles officielles et à cause de l'ampleur de la corruption.

Ironiquement, les gouvernements des pays en développement blâment souvent leurs citoyens d'être paresseux et négligents, employant une tactique décrite par Noam Chomsky : « Pour contrôler les gens, faites-leur croire qu'ils sont la cause de leur propre pauvreté et misère. » De plus, les gouvernements harcelés ont tendance à croire que tout le monde conspire contre eux. En revanche, les citoyens accusent leurs dirigeants de corruption et d'un manque d'intérêt sincère pour l'amélioration du bien-être national. Ils critiquent aussi leurs gouvernements pour acheter continuellement des armes uniquement pour réprimer toute révolte, ne voyant aucune menace extérieure — seulement une hostilité gouvernementale envers leur propre peuple. Ce cycle d'accusations mutuelles s'intensifie chaque jour, faisant monter la situation à un point de rupture inévitable. Ce n'est qu'une question de temps avant que chaque pays n'atteigne son point de bascule.

En conclusion, pour combattre la corruption, un gouvernement sérieux doit s'assurer que toutes ses importations et exportations soient analysées par le parlement. Rien ne doit être acheté sans l'approbation parlementaire. De plus, il est crucial d'établir des comités à tous les niveaux pour surveiller chaque achat et transaction afin d'éviter les fuites financières, qui peuvent gravement endommager l'économie, surtout dans un pays avec une infrastructure économique faible et un contrôle quasi inexistant. Enfin, le parlement devrait adopter des lois strictes punissant toute personne détournant des fonds publics, considérant ces actes comme un crime fédéral aux conséquences sévères.

Les dépenses militaires dans les pays en développement

Les pays en développement achètent souvent d'importantes quantités de matériel militaire auprès du Nord, par crainte de guerres potentielles ou d'agressions. Ils préfèrent vivre dans la peur plutôt que de chercher la paix. Sans suggérer un arrêt complet des achats d'armes, il serait conseillé à ces pays d'investir davantage dans l'amélioration de leurs économies afin d'accroître le bien-être de leurs citoyens, plutôt que de dépenser excessivement en armements. Faire la paix avec des adversaires potentiels est souvent une solution meilleure, plus rapide et moins coûteuse que de faire la guerre ou d'accumuler des armes, ce qui prive les citoyens de ressources essentielles à leur survie. Dans certains cas, des pays disposent de fonds pour l'armement mais manquent des moyens pour acheter de la nourriture ou des médicaments pour leur population. Beaucoup de citoyens pensent que leurs gouvernements acquièrent ces armements uniquement pour les réprimer en cas de protestations ou de soulèvements liés aux conditions économiques.

S'inspirer des expériences du Japon et de l'Allemagne après la Seconde Guerre mondiale pourrait s'avérer bénéfique. Ces deux nations, ayant été dépouillées de leurs capacités militaires, ont redirigé leurs investissements des dépenses militaires vers le développement économique.

Aujourd'hui, l'Allemagne possède la plus forte économie d'Europe, et le Japon est la troisième économie mondiale. Le Japon maintient une force militaire d'environ 247 000 personnels actifs dans un pays de 125 millions d'habitants, tandis que l'Allemagne compte environ 181 000 militaires dans une nation de 83 millions. De même, l'Afrique du Sud, avec une population de 59 millions, maintient un peu plus de 40 000 soldats en service actif, choisissant de ne pas allouer des fonds excessifs aux dépenses militaires.

Dans le monde d'aujourd'hui, la guerre est devenue plus sophistiquée que jamais, et la taille ne détermine pas la puissance. Des milliards peuvent être dépensés en capacités militaires, et pourtant un ennemi pourrait cibler des ressources cruciales à la survie en utilisant des drones indétectables. Ils pourraient frapper des champs de gaz et de pétrole, des centrales électriques, des barrages d'eau, ou même contaminer l'eau potable avec des virus mortels ou des agents biologiques, constituant une menace majeure pour la population.

Ce type de guerre ne durerait pas des mois ou des jours, mais seulement quelques heures. Avec la technologie actuelle des drones, même les porte-avions sont vulnérables et font face à un danger important. Les pays dépensent des milliards de dollars pour construire ces porte-avions et les équiper pour des voyages prolongés, et pourtant quelques drones peuvent suffire à les couler.

Ainsi, « il est dans l'intérêt propre des pays de se préparer à la paix plutôt qu'à la guerre. » Il vaut mieux investir tout cet argent dans la technologie, la recherche, l'agriculture, ou au moins dans de petites industries telles que la fabrication de voitures, téléviseurs, réfrigérateurs, machines à laver, et téléphones portables, pour faciliter la vie des gens plutôt que de dépenser des milliards en matériel militaire.

Bureaucracy

Bureaucracy is another stumbling block in many developing countries. An excessive amount of paperwork is required for even the smallest tasks. For instance, to open a small business, the city or sometimes even the federal government requires a multitude of documents and photographs to complete a "dossier." This dossier might include your birth certificate, your parents' birth certificates, proof of residence, your photographs, your blood type, a background check, a document confirming you don't own another business, proof of tax status, employment status, and notably, proof that you consistently vote. To apply for housing, forget it—you would need pounds of legal documents. A standard "dossier" might take weeks to prepare for a citizen, and if it's for housing, a business, or even a passport, it could take months. Often, people abandon their projects because of the overwhelming number of documents required, some of which are nearly impossible to obtain. Some don't even attempt their projects, knowing the time and hassle involved in gathering all the necessary paperwork.

The purpose of these documents is often unclear, though officials claim they are necessary to prevent fraud and cheating. In reality, most fraud occurs at higher levels by top officials and can cost the country millions of dollars. In the US, similar processes or paperwork would take just a few days. For example, to apply for a passport, all you need is your birth certificate, two photographs, an application, and a service fee. Perhaps just a couple of hours are sufficient to complete such a task. Moreover, you don't always have to visit the designated office in person; you can simply mail the paperwork to the office and wait a couple of weeks to receive your passport at home.

The application asks for your name, date of birth, place of birth, gender, address, and where to send the completed passport—that's it!

To deter fraud in the US, the application form includes a legal notice at the bottom. It warns applicants against lying or committing any type of fraud, stating that such actions could result in a $5,000 fine and six months in jail. Reading this warning, an applicant is likely to think twice about the information they provide. This method of acquiring a passport is not only efficient but also effective in preventing fraud. The same technique is applied across various departments; each application form includes a specific legal warning urging the applicant to provide truthful information or face legal consequences. It's worth noting that in the US, most departments only require your ID, which suffices for identification purposes, reducing paperwork, saving time and money, and minimizing hassle.

Customer service in most departments in many developing countries is deplorable. Often, clerks are minimally educated or entirely uneducated, treating citizens poorly and making them wait for hours. Endless queues form for seemingly unnecessary documents, such as birth certificates. Knowing the desperate need of the citizens for these documents, some clerks won't hesitate to expect bribes to expedite the process. Complaints about such treatment typically fall on deaf ears, with no progress made in acquiring the necessary documents. This constitutes a form of subtle abuse; it is degrading and detrimental to the quality of life.

Customer service has long degraded the quality of life, perpetuating poor conditions because no one complains or listens. When complaints go unheard, all services and amenities remain poor, outdated, and often unacceptable. Effective customer service is essential for enhancing citizens' quality of life.

L'inflation et les prix élevés

Les prix dans les pays en développement sont perpétuellement instables. Dans certains endroits, ils fluctuent quotidiennement. Les gouvernements défaillants ne fournissent souvent pas d'explications convaincantes à leurs citoyens. Parfois, ils accusent certains hommes d'affaires et propriétaires d'usines de spéculer et d'augmenter les prix simplement pour détourner l'attention de leur propre incapacité à fournir des biens et services à des prix raisonnables. Beaucoup de commerçants ont été injustement emprisonnés alors que les gouvernements cherchent à justifier leurs lacunes.

Pour réduire les prix, il n'existe qu'une seule théorie et une seule solution : produire, produire et encore produire ! En d'autres termes, un pays doit disposer d'un grand nombre d'usines pour produire tous types de biens et services. Le nombre d'usines, d'ateliers, d'usines et d'administrations doit être proportionnel à la population. Ainsi, pour maintenir les prix bas, ces usines et ateliers doivent fonctionner en continu. Par définition, lorsque l'offre est élevée, les prix baissent automatiquement. En revanche, si la production est absente, la demande dépassera l'offre, et les prix continueront à augmenter. Par exemple, si les agriculteurs produisent un surplus annuel de tous types de fruits et légumes, l'offre dépassera la demande, et par conséquent, les prix diminueront. Dorénavant, les citoyens pourront acheter ce dont ils ont besoin pour quelques dollars seulement. En conséquence, la valeur de la monnaie augmentera — par exemple, 10 $ pourraient acheter de la nourriture pour toute une semaine. Ainsi, les gens disposeront d'un surplus d'argent pour d'autres articles peu coûteux, ayant le sentiment que leur argent a un pouvoir d'achat réel. Par conséquent, le gouvernement n'aura pas besoin d'imprimer de la monnaie fréquemment, car les gens disposent de fonds excédentaires. Maintenant, en considérant le pouvoir d'achat de 10 $, imaginez ce que pourraient faire 100 $. En fin de compte, une personne gagnant 500 $ par semaine se sentirait relativement aisée.

Quand les gens ont de l'argent supplémentaire, ils ont tendance à le dépenser pour d'autres biens, besoins, envies, services, voire loisirs, tous disponibles localement. Plus ils dépensent, plus les mines, fermes, usines, ateliers et chaînes de montage produisent des biens et services. Plus de biens et services produits signifie que plus de personnes garderont leur emploi. Tout le cycle fonctionne comme une chaîne ; tout est interconnecté. Si une partie de la chaîne échoue, tout le système est affecté.

Le gouvernement peut aussi jouer un rôle en encourageant la moitié de la population à produire et l'autre moitié à consommer sans cesse. Par le biais des médias, des publicités et de la propagande nationale, le gouvernement peut éduquer la population sur ce cycle économique, les encourageant à produire et consommer massivement pour maintenir le bonheur général.

Si un pays produit plus que ses besoins, le surplus peut être utilisé pour le troc, l'exportation ou être conservé pour des contingences futures telles que guerres, sécheresses, famines ou questions de sécurité nationale.

Si un pays importe continuellement des biens, nourriture et services, le coût sera extrêmement élevé. Importer tout signifie ne pas avoir de mines, d'usines, ni de fermes — et par conséquent, les citoyens n'auront pas d'emplois, créant un fardeau important pour le gouvernement. La population deviendra de plus en plus mécontente, et la colère grandira chaque jour. Finalement, le gouvernement devra faire face à deux choix : soit financer les chômeurs, soit affronter une population en colère, ce qui pourrait mener à une révolution. Ces deux options sont coûteuses, il est donc dans l'intérêt du gouvernement de construire autant d'usines que possible, de nettoyer des millions d'acres de terres agricoles et d'exploiter autant de mines que possible pour offrir des emplois aux chômeurs. Un gouvernement sage choisirait de tout construire, ce qui coûterait probablement autant ou moins que de soutenir des jeunes hommes au chômage.

Certains pays, comme l'Algérie, ont accordé de gros prêts et des dons aux jeunes pour lancer de petites entreprises. La plupart ont échoué par manque d'expérience, d'une vision économique, ou parce qu'ils ont investi dans des marchés qui ne leur convenaient pas. Cependant, ces pays auraient été mieux avisés d'utiliser ces fonds pour construire des usines et ateliers, créant des emplois pour les chômeurs. Cette approche aurait été plus rapide, moins coûteuse et plus efficace. De plus, ces solutions rapides n'occuperaient cette génération que temporairement, tandis que la construction d'usines et de chaînes de montage bénéficierait à cette génération et aux suivantes.

Pour maintenir une économie saine avec une faible inflation, moins d'impression monétaire, une forte valeur de la monnaie nationale et un pouvoir d'achat élevé des consommateurs, la production extensive de biens est la seule solution durable et la clé de la survie.

La distraction

Certains gouvernements dans les pays en développement sont devenus experts pour distraire leurs citoyens afin qu'ils restent ignorants ou mal informés sur ce qui se passe en coulisses dans la politique, l'économie et les questions sociales. Le football est devenu l'outil ultime de distraction, au point que certains pays nourrissent désormais de l'animosité les uns envers les autres à cause des résultats des matchs. Le football a pris une importance plus grande que la religion dans de nombreuses sociétés. Cette tactique de distraction a été initiée pour la première fois par l'Empire romain lorsque les choses n'allaient pas bien pour les citoyens de Rome. César a lancé une série de combats de gladiateurs pour occuper les Romains et les rendre indifférents à leur bien-être économique et social. Un érudit égyptien, M. Gezzali, a remarqué : « Je suis surpris de voir des gens crier et pleurer la défaite d'un match de football mais ne pas pleurer la perte de leurs pays et civilisations. »

Le football n'est qu'une distraction de 90 minutes dans nos vies quotidiennes. Il n'a pas mis fin à la pauvreté dans le monde, ni aidé les enfants à accéder à la nourriture, aux soins de santé ou à l'éducation. Le football n'a jamais stoppé les guerres, les conflits militaires, les génocides, ni les flux de réfugiés qui laissent tout ce qu'ils ont de précieux derrière eux. Il n'a jamais mis fin aux violations des droits humains ni diffusé la démocratie. Selon Noam Chomsky, « la meilleure défense contre la démocratie est de distraire les gens. » Certains gouvernements des pays en développement cherchent désormais tous les moyens pour distraire leurs citoyens et leur faire oublier leurs problèmes et leur misère. Certains sont même allés jusqu'à fournir toutes sortes de drogues pour maintenir l'ordre, espérant que cela dure.

Les gouvernements des pays en développement blâment souvent l'Occident pour le déclin et la misère que subissent leurs populations, ce qui constitue une autre forme de distraction. Ils invoquent fréquemment l'ancien colonialisme, l'impérialisme mondial et un ennemi toujours vigilant — cherchant toujours des excuses pour couvrir leurs échecs et éviter leurs responsabilités. Ces gouvernements n'ont pas pris l'initiative d'imiter l'Occident dans les domaines où il excelle et comment il améliore la vie de ses citoyens. Certains dirigeants passent la moitié de l'année dans les pays occidentaux sans jamais prendre de mesures pour mettre en œuvre ce qu'ils y ont vu et appris. Pour eux, l'Occident est un paradis, un paradis qui ne doit être partagé avec personne d'autre.

Les gouvernements sont devenus rusés dans leur manière de distraire leurs citoyens afin qu'ils ne prêtent pas attention à la politique ou à l'économie. Par exemple, ils créent des pénuries de biens et services nécessaires, ce qui fait que les gens passent trop de temps à parler, s'inquiéter et se démener pour obtenir ces produits. Parfois, ils font la queue pendant de longues heures juste pour acheter des produits essentiels comme une miche de pain, de l'huile de cuisson ou un carton de lait.

Déforestation, désertification et reforestation

Planter des millions, voire des milliards d'arbres est la voie à suivre ; cela procure plus de nourriture, plus d'oxygène et une meilleure protection pour notre environnement. Des millions d'acres de forêts ont été dévastés pour diverses raisons ; les entreprises forestières coupent chaque année des milliers, voire des millions d'arbres. Il est rapporté que l'Afrique centrale perd chaque année une surface forestière équivalente à trois fois la taille du New Jersey. De plus, des millions d'arbres sont détruits chaque saison par des incendies, et beaucoup d'autres sont utilisés par des populations démunies qui n'ont pas accès au gaz pour cuisiner. Le manque de gaz de cuisson et parfois les prix élevés ont poussé des milliers, voire des millions, de personnes pauvres à couper des arbres ; par conséquent, certaines régions sont devenues arides ou se sont transformées en déserts. Dans certaines zones, la demande en bois de chauffage a fait grimper le prix d'un boisseau à plus de cent dollars. Par exemple, en République du Congo, 90 % des familles utilisent du charbon de bois pour cuisiner. Selon enoughproject.org, la demande de charbon de bois au Congo a conduit à la formation de cartels qui produisent et vendent du bois de chauffage, ce qui provoque des combats entre milices pour le contrôle de certaines régions, y compris le plus ancien parc national d'Afrique. La République du Congo n'est pas le seul pays fortement dépendant du charbon de bois ; beaucoup d'autres pays le sont aussi, à divers degrés. Haïti est un autre pays où le charbon de bois est largement utilisé pour la cuisson ; selon blogsworldbank.org, 80 % des ménages urbains utilisent le charbon comme principale source de cuisson. Mes étudiants haïtiens rapportent que le pays compte aujourd'hui presque plus d'arbres à cause de cette demande.

La combustion intensive d'arbres pour le charbon pourrait être la deuxième ou troisième cause principale de l'appauvrissement de la couche d'ozone, un enjeu majeur mondial. Pour lutter contre ce problème, il est impératif que les gouvernements des pays en développement plantent autant d'arbres que possible, le plus rapidement possible. C'est un processus simple mais qui nécessite un effort considérable ainsi que des décisions politiques et économiques sérieuses. Les gouvernements doivent sensibiliser leurs citoyens aux dangers économiques, sociaux et environnementaux causés par le manque d'arbres, en utilisant tous les moyens disponibles : médias, communications, panneaux d'affichage. Ils devraient encourager leurs citoyens à se porter volontaires pour planter autant d'arbres que possible et protéger ces ressources précieuses. Les gouvernements peuvent également mobiliser le personnel militaire pour planter des arbres. C'est une question de survie pour certains pays ; cela doit donc être un effort national.

À titre d'exemple, l'Éthiopie, un pays en développement qui fait des progrès significatifs, a récemment achevé l'Initiative du legs vert. Le 29 juillet, le gouvernement a encouragé tous les citoyens à participer à une journée de plantation d'arbres visant à planter 200 millions de plants. Surprise : en moins de 12 heures, les citoyens motivés ont dépassé l'objectif en plantant plus de 350 millions de plants — une réalisation étonnante qui montre aux autres nations la faisabilité de tels projets avec un engagement suffisant. Selon BBC.com, le Parti travailliste s'est engagé à planter 2 milliards d'arbres d'ici 2040.

La Chine est un autre modèle avec la plantation de milliards d'arbres pour des raisons économiques et environnementales. Selon le magazine Time, le président chinois s'est engagé à planter 70 milliards d'arbres dans le cadre de son slogan « Verdissez notre planète », visant à augmenter les puits de carbone forestiers et à lutter contre le changement climatique.

Une initiative brillante et encourageante a été lancée par le Népal — un pays enclavé d'Asie du Sud — il y a quelques années. En guise de taxe, le plan exigeait que chaque touriste plante un arbre personnellement ou en parraine un, contribuant ainsi à la protection de l'environnement. Le ministère du Tourisme a adopté le slogan « Le tourisme répond au défi du changement climatique », une manière intelligente de motiver les gens et d'impliquer chaque individu concerné.

La désertification

La désertification, ou l'avancée du désert, est un phénomène qui perdure dans plusieurs pays, en particulier dans les régions proches des déserts. En raison de la sécheresse et des tempêtes de sable, des milliers de kilomètres de terres fertiles se sont transformés en déserts. La République algérienne en a beaucoup souffert. À la fin des années 60 et au début des années 70, l'Algérie fut sans doute le premier pays au monde à prendre des mesures pour arrêter la désertification avec un projet appelé « Le barrage vert ». Selon lejournaldelafrique.com, le gouvernement a planté 370 millions de jeunes arbres sur 3 millions d'hectares. L'objectif principal était de lutter contre la désertification et de protéger sa flore, son agriculture et ses nappes phréatiques.

Aujourd'hui, il est crucial que chaque pays en développement dans le monde lutte contre la déforestation et la désertification et se lance dans la plantation d'arbres. Cela devrait être une question de fierté nationale et un appel à l'action pour offrir un meilleur environnement et une Terre plus propre pour nous-mêmes, nos enfants et les générations futures.

Le danger de la dépendance au Nord

Bien que la plupart des pays en développement possèdent tous les types de facteurs de production, parfois en millions de tonnes, ils ne peuvent même pas produire « une aiguille ». Tout ce dont ils ont besoin vient du Nord. Peu à peu, cette dépendance a conduit à la stagnation et au sous-développement dans tous les secteurs. Les emplois se font rares, le chômage augmente fortement, l'inflation explose, et le pouvoir d'achat s'effondre. Tout cela conduira probablement à des troubles dans de nombreux pays en développement dans les années à venir.

Il est urgent de prendre conscience du danger que représentent les conditions de vie de millions de personnes dans ces pays. Cela mènera, tôt ou tard, à un exode massif vers le Nord. Ce n'est qu'une question de temps. Des milliers d'hommes, de femmes et d'enfants venus d'Afrique traversent la mer Méditerranée à l'heure actuelle.

Malheureusement, certains de ces jeunes n'atteignent jamais l'autre rive. Des dizaines de corps flottent actuellement dans la mer Méditerranée, car la plupart de ces embarcations sont fabriquées à bas coût, certaines même en plastique, et ne résistent pas aux vagues fortes.

Le manque d'emplois, de logements et de presque tout ce dont on peut rêver pousse chaque personne à envisager de franchir les frontières et les mers. Il est temps que les dirigeants mondiaux agissent et cherchent des solutions pour prévenir ces exodes potentiels vers le Nord, qui pourraient épuiser et éventuellement paralyser ses économies. L'aide financière, l'aide alimentaire, les prêts et les dons aux pays en développement, ou les pots-de-vin aux dirigeants, n'ont pas résolu le problème. On dit souvent : « Ne donnez pas un poisson à un homme chaque jour ; apprenez-lui plutôt à pêcher. » Les organisations internationales aident les pays en développement depuis des décennies, mais cette aide n'a offert qu'un soutien à court terme. Aujourd'hui, ces nations sont de retour à la case départ. Ces organisations auraient dû apprendre aux populations à cultiver la nourriture, construire des infrastructures et lancer de petites entreprises, au lieu de se contenter de les nourrir.

La propriété privée peut être nuisible à l'économie

Parfois, la propriété privée nuit à l'économie en raison de sa nature monopolistique à presque tous les niveaux. Par exemple, dans le cas des fruits et légumes, de nombreux agriculteurs produisent volontairement des quantités limitées ou contrôlent la production de certains produits pour maintenir les prix élevés et maximiser leurs profits. Il en va de même pour les éleveurs de viande blanche et rouge, ainsi que pour les producteurs de produits laitiers, qui délibérément maintiennent une faible production pour conserver des prix élevés.

La même stratégie est appliquée par les pêcheurs qui ne capturent qu'une certaine quantité de poissons afin de garder les prix élevés. Ils ne font pas d'efforts pour pêcher davantage, se contentant de la quantité nécessaire pour assurer des profits substantiels. Ainsi, lorsqu'un client va acheter du poisson ou des crevettes, le pêcheur affirme : « Il y a à peine du poisson dans l'océan, et c'est tout ce que j'ai », ce qui justifie les prix élevés. Par conséquent, les clients paient des prix exorbitants pour les fruits de mer.

Pour remédier à ce problème, le gouvernement devrait intervenir de deux manières :

• Réguler les prix à un niveau que les consommateurs peuvent se permettre. Cependant, cela pourrait inciter les producteurs à réduire encore leur production ou à quitter complètement le marché, laissant les consommateurs en difficulté pour trouver les fruits, légumes, poissons ou autres produits dont ils ont besoin et envie.

• Dans de telles situations, il est souvent avantageux que les gouvernements possèdent les moyens et lieux de production. Contrairement aux spéculateurs privés, motivés par la cupidité et indifférents au pouvoir d'achat des citoyens, les gouvernements tiennent généralement compte du bien-être de leur population.

Le gouvernement doit posséder ses propres fermes et usines pour concurrencer les spéculateurs qui cherchent à réaliser d'importants profits en peu de temps en contrôlant l'offre sur le marché. La concurrence entre les produits gouvernementaux et ceux proposés par les propriétaires privés maintiendra les spéculateurs honnêtes, les empêchera d'exploiter les consommateurs et contribuera à maintenir les prix à un niveau que la plupart des citoyens peuvent se permettre.

Le monopole est mauvais pour l'économie

Un monopole signifie qu'une personne ou une entreprise est autorisée à investir dans un type spécifique d'activité, de biens ou de services, mais qu'aucune autre entité n'est permise d'entrer sur ce même marché. Cette entreprise vise à produire certains produits sans concurrence et, finalement, à vendre ces produits où, quand et comme elle le souhaite.

Dans certains pays en développement, des individus fortunés ou certains hommes d'affaires et entrepreneurs demandent à leur gouvernement une exclusivité, devenant ainsi les seuls producteurs, exportateurs ou importateurs de certains biens et services. Ce concept est très nuisible à l'économie de ce pays. Il est compréhensible que quelqu'un, après un travail acharné et une recherche approfondie, invente quelque chose de nouveau et bénéfique pour la société et souhaite un brevet pour être le seul producteur. Cependant, si cela concerne un produit courant ou un article importé, et que plusieurs entrepreneurs souhaitent entrer sur ce marché, alors le gouvernement devrait permettre à tous d'y participer. Finalement, ce sont les consommateurs qui bénéficieront de cette absence d'exclusivité. Cette théorie limiterait autrement les efforts et l'énergie d'autres entrepreneurs désireux de fournir les mêmes biens et services.

Rappelez-vous, plus il y a d'offre, plus les prix sont raisonnables et abordables pour les consommateurs. Le gouvernement devrait encourager davantage d'entrepreneurs à entrer sur ces marchés afin que la concurrence et la pluralité des efforts offrent plus et de meilleurs biens et services.

Les gouvernements des pays en développement sont parfois incapables de fournir les biens aux consommateurs pour diverses raisons. Parfois, c'est la forte population qui crée une demande importante nécessitant une offre conséquente. Parfois, c'est dû au manque d'argent, d'outils nécessaires, de personnel compétent pour gérer les opérations, de bonnes infrastructures de transport, ou d'autres préoccupations. Si les gouvernements veulent avoir l'esprit tranquille, ils devraient encourager et autoriser davantage d'entrepreneurs à entrer sur n'importe quel marché et rejeter la théorie de l'exclusivité ainsi que les lois qui la soutiennent.

Le monopole conduirait à une réduction des biens et services sur le marché et à des prix plus élevés pour de nombreux besoins et envies dans la société. Les entrepreneurs peuvent exploiter ce concept pour contrôler la production, la vente, l'importation ou l'exportation de certains articles, augmenter les prix et réaliser des profits exorbitants. En tant que remède économique, l'intervention gouvernementale est cruciale.

Les impôts

Les gens du monde entier n'aiment pas les impôts, mais les personnes instruites comprennent que les impôts sont nécessaires pour construire une nation et son économie. Les impôts existent depuis des milliers d'années. La première trace de taxation en Égypte ancienne remonte à environ 5000 ans, lorsque le Pharaon collectait l'équivalent de 20 % de la récolte sous forme d'impôts. De même, l'ancien système féodal asiatique permettait aux empereurs de percevoir d'importants impôts des paysans sous forme de récoltes. Aujourd'hui, les pays développés dépendent fortement des impôts pour construire et entretenir les infrastructures, fournir l'éducation, les soins de santé et d'autres services majeurs à leurs citoyens. Les gouvernements utilisent aussi les impôts pour payer les multiples services rendus par les fonctionnaires.

Malheureusement, dans de nombreux pays en développement, les citoyens, les hommes d'affaires et même les fonctionnaires refusent de payer les impôts. Ils trouvent souvent des moyens de les éviter ou ne paient pas le montant correct qu'ils doivent à leur gouvernement. En conséquence, les gouvernements des pays en développement peinent à régler leurs factures et leurs dettes, et à prendre soin de leurs citoyens. Ils ont même du mal à fournir les services minimums à leurs populations et disposent de peu de fonds pour construire de nouvelles infrastructures ou réparer les bâtiments, routes, autoroutes et espaces publics existants.

Le non-paiement des impôts signifie que les gouvernements doivent augmenter les prix de tout. Par exemple, si un gouvernement a besoin de 500 milliards de dollars par an pour fonctionner correctement, mais ne collecte que 350 milliards, il y a un déficit de 150 milliards. Ce déficit survient parce que certaines entreprises, individus riches et fonctionnaires ne paient pas leurs impôts. Il est notable que les présidents et fonctionnaires de ces pays ne paient souvent pas d'impôts, estimant être exemptés, contrairement aux États-Unis où les présidents et fonctionnaires doivent payer des impôts — un excellent modèle à suivre. Pour compenser ce déficit de 150 milliards, le gouvernement doit augmenter les prix de nombreux biens et services. Par conséquent, dans les pays en développement, les prix des aliments et services sont plus élevés qu'en pays développés. La viande, le poisson et la volaille sont devenus des produits de luxe. Les terrains, propriétés et entreprises coûtent plus cher dans les pays en développement que dans les pays développés. Il peut falloir toute une vie pour économiser assez pour acheter une maison ou un appartement, ou la moitié de sa vie pour s'offrir une voiture neuve. Si la tendance à ne pas payer les impôts corrects continue chaque année, les prix des biens et services ne cesseront d'augmenter, entraînant une inflation catastrophique et plongeant des millions de personnes dans la pauvreté.

Les gouvernements des pays en développement doivent sensibiliser leurs citoyens à l'importance des impôts pour construire l'économie, financer les services et réparer les infrastructures comme les routes, ponts, écoles et hôpitaux — créant ainsi des emplois. Les fonctionnaires ont également l'obligation de payer eux-mêmes des impôts pour donner l'exemple au reste de la population.

L'éducation au paiement des impôts ne devrait pas se limiter aux débats télévisés et émissions radio ; elle devrait aussi être intégrée aux programmes scolaires. Les élèves de toutes disciplines devraient étudier l'économie, les lois de l'offre et de la demande, et les économies mondiales. Ils devraient être éduqués sur les impôts et l'économie de leur pays pour comprendre l'importance des impôts et leur contribution à leur avenir. Ce faisant, les gouvernements pourront former de nouvelles générations ayant une compréhension solide de l'économie et de comment l'améliorer. Aux États-Unis, les lycées enseignent l'économie, la science politique, et même le droit, avec des chapitres dédiés aux impôts, au commerce international, aux monnaies et à la mondialisation. En fin de compte, cette éducation aidera les gouvernements à bâtir l'un des éléments les plus cruciaux pour former une société parfaite : des citoyens responsables.

La liberté de la presse est aussi bénéfique pour l'économie

Pour garder un œil vigilant sur l'économie, la performance des maires, gouverneurs, fonctionnaires et toutes les institutions commerciales et fédérales, le gouvernement doit garantir la liberté de la presse. La liberté de la presse est un outil puissant qui peut pousser les sociétés vers le progrès. Souvent, le président ou son cabinet ignorent ce qui se passe dans chaque ville, village ou hameau. Des journalistes engagés visiteraient ces lieux, parleraient aux citoyens et révéleraient les problèmes auxquels ils sont confrontés. Le gouvernement a des enjeux plus importants à traiter que d'enquêter sur chaque problème local, ce qui rend les journalistes cruciaux pour s'assurer que les citoyens vivent dignement et correctement. Une bonne vie aujourd'hui signifie avoir un emploi, une maison, un accès à l'éducation, aux soins de santé, à l'eau potable et à la sécurité en général. Malheureusement, la plupart de ces droits sont absents dans de nombreux pays en développement, où les citoyens ne peuvent même pas jouir d'une vie décente.

Les journalistes peuvent rapporter des cas de fraude, d'activités douteuses, de transactions suspectes ou de tout ce qui pourrait nuire à l'économie du pays. Une presse libre maintiendrait chaque administration et institution sur la bonne voie. L'honnêteté et l'excellence du service devraient être la devise de toute institution dans n'importe quel pays. Dans le cas des pays en développement, les journalistes peuvent aussi être chargés de surveiller la performance de l'agriculture, de l'industrie, de la construction et de la production de certains produits sensibles. Certains produits sont cruciaux pour la sécurité nationale. En fait, de nombreuses fermes et usines ont dysfonctionné et fait défaut faute de contrôle.

Les journalistes peuvent aussi surveiller les services rendus par les institutions gouvernementales et les forces de l'ordre, où les employés et fonctionnaires se croient intouchables. Dans les pays développés et les sociétés libres, le journalisme est considéré comme le quatrième pouvoir. Cela signifie que les journalistes supervisent tout, un peu comme le Congrès américain contrôle tout, y compris les actions du président. Beaucoup de pays en développement ne reconnaissent pas l'importance des journalistes ; au contraire, ils restreignent leurs activités et contrôlent leurs écrits parce que certains responsables s'adonnent à des activités douteuses.

Les journalistes devraient être actifs sur tout le territoire pour s'assurer que tout fonctionne correctement, donnant ainsi au gouvernement élu une certaine crédibilité et légitimité.

Malheureusement, certains pays en développement utilisent les journalistes pour tromper les citoyens en leur faisant croire que tout va bien, afin que ces derniers restent satisfaits du statu quo. Ce comportement a aggravé les problèmes sociaux, économiques et éducatifs, parfois gravement.

En l'absence de journalistes, des problèmes sociaux tels que la criminalité, la drogue, la prostitution et même les maladies peuvent se propager plus facilement. Par conséquent, avant qu'il ne soit trop tard, les journalistes peuvent aider à accélérer les solutions et sauver le plus de vies possible.

Les journalistes peuvent aussi rapporter des cas d'abus, qu'ils soient commis par des fonctionnaires ou des employés privés. Ils peuvent dénoncer le racisme et le mauvais traitement des personnes ou des minorités. Dans les pays qui respectent leurs citoyens, les journalistes rendent compte de la qualité du service rendu même par la plus petite entreprise.

Pour améliorer les conditions dans les pays en développement, les gouvernements devraient protéger largement les journalistes et leur travail par des lois et une immunité, leur permettant ainsi d'exercer leurs fonctions efficacement. Aux États-Unis, par exemple, le Premier Amendement de la Constitution protège la liberté d'expression et la liberté de la presse. Lorsque de telles protections sont accordées aux journalistes, ils peuvent rapporter tout ce qui affecte la santé des citoyens, leur bien-être social et tout obstacle à une vie normale.

Théoriquement et pratiquement — pour lancer une économie efficace — tout est faisable et réalisable ; je ne comprends pas pourquoi il est difficile pour les pays en développement de prendre des décisions sérieuses et de s'améliorer !

L'opposition

Les gouvernements doivent accepter que la présence d'une opposition soit bénéfique pour le bien-être d'une nation et son avenir. L'opposition n'est pas là pour renverser le gouvernement ou mener une guerre réelle contre le président en fonction ; rien n'est personnel. La simple existence de l'opposition rappelle à ceux au pouvoir que le pays organise des élections et que leur mandat prendra fin un jour. Cela dissuade tout président en fonction de tenter de modifier la constitution à son avantage pour rester au pouvoir indéfiniment.

Il est dans la nature humaine d'être satisfait de son mode de vie, de ses méthodes, de sa pensée et de sa vision de l'avenir. Cependant, lorsqu'une personne sent qu'elle est observée, elle est souvent motivée à s'améliorer. Le même principe s'applique aux gouvernements surveillés par une opposition. Même si le gouvernement en place remplit ses fonctions, la présence d'une opposition peut l'inciter à en faire plus pour rester au pouvoir jusqu'à la fin de son mandat. L'opposition est une institution efficace qui maintient le gouvernement en poste sur la bonne voie ; autrement, le gouvernement pourrait agir à sa guise, sans urgence.

L'opposition surveille attentivement chaque décision et chaque loi adoptée par le gouvernement en place, servant d'outil crucial pour corriger les erreurs et les actions invisibles. Elle identifie les fautes du gouvernement, le tient responsable et propose de meilleures solutions. De nombreux gouvernements se sont effondrés en raison de l'absence d'une opposition sérieuse — ils pensaient aller dans la bonne direction, mais personne ne corrigeait leur trajectoire. C'est souvent le cas dans les dictatures, où les dirigeants pensent savoir mieux que leurs citoyens jusqu'à ce qu'ils n'arrivent même plus à fournir les besoins essentiels comme la nourriture.

« L'absence d'opposition conduit toujours aux dictatures. »

Malheureusement, pour conserver le pouvoir, certains gouvernements et dirigeants incompétents créent une opposition contrôlée de l'intérieur, prétendant qu'elle s'est formée spontanément pour donner l'apparence de processus démocratiques aux communautés internationales. Ce type d'opposition obéit souvent au gouvernement et tente de convaincre les citoyens que les actions gouvernementales sont bénéfiques. Certains gouvernements corrompus vont jusqu'à nommer des loyalistes à la tête des bureaux des droits de l'homme. Ainsi, le président du Bureau des droits de l'homme défend toutes les actions gouvernementales et nie toute violation commise par le gouvernement.

Types de gouvernements
économiques

Si un État décide d'adopter le capitalisme, il doit respecter toutes les règles et théories du capitalisme. Un pays ne peut pas appliquer sélectivement seulement les aspects qui lui conviennent, car si le système échoue, dirigeants et citoyens pourraient à tort conclure que le capitalisme lui-même est intrinsèquement défaillant.

On ne peut pas avoir de capitalisme sans concurrence, car la concurrence est la base de l'innovation, de l'embellissement et de l'efficacité. Elle permet aux producteurs d'offrir des biens et services à des prix abordables, ce qui les aide à vendre plus facilement leurs produits et permet aux consommateurs de satisfaire leurs besoins et désirs. La concurrence favorise la création de meilleurs biens et services et conduit finalement à des prix plus bas. Les gouvernements devraient permettre la concurrence et ne pas s'ingérer dans le marché, comme le prônait Adam Smith. Malheureusement, dans certains pays en développement, le gouvernement contrôle même les importations et exportations de biens et services. Cela peut être gérable dans des pays à faible population, mais dans les nations très peuplées, les gouvernements devraient laisser tout le monde entrer sur le marché. Les gouvernements devraient se concentrer sur d'autres préoccupations. Aux États-Unis, par exemple — leader du capitalisme — le gouvernement supervise principalement la police, l'armée, les services postaux et les enseignants des écoles publiques, tandis que le secteur privé gère le reste des entreprises. Les États-Unis accordent aux hommes d'affaires la liberté d'importer et d'exporter tout, sauf les armes et les drogues. Le gouvernement se concentre sur les affaires sérieuses et évite de freiner les opérations commerciales. Ainsi, les gouvernements des pays en développement devraient encourager les entrepreneurs à pénétrer les marchés et faciliter chaque étape pour qu'ils produisent biens et services et les mettent à disposition des clients à des prix raisonnables ; c'est leur mission sacrée !

On ne peut pas non plus avoir de capitalisme sans la théorie de l'offre et de la demande. Les producteurs doivent inonder le marché de biens et services pour assurer leur disponibilité en permanence. Une offre suffisante ou excédentaire bénéficiera aux consommateurs. Les produits seront accessibles et les prix resteront raisonnables. Si l'offre est faible, les prix monteront, et les clients seront mécontents. Dans de tels cas, le gouvernement doit intervenir pour résoudre le problème.

Lorsque les biens et services sont rares ou disponibles en quantités limitées, les prix augmentent naturellement. Les clients peuvent hésiter à acheter, ce qui peut ralentir les ventes, la production, le transport, et plus encore. En conséquence, les usines peuvent avoir du mal à vendre leurs produits à des prix plus élevés. Chaque fois que la production ralentit, les propriétaires d'usines peuvent licencier des employés. C'est un cercle vicieux qui doit être surveillé par des spécialistes ou des comités. Renvoyer des travailleurs chez eux devient un fardeau pour le gouvernement. En d'autres termes, ces travailleurs feront pression sur le gouvernement pour créer de nouveaux emplois ou dépendront des aides sociales. Les aides sociales coûtent cher à tout gouvernement ; parfois, celui-ci doit chercher des prêts auprès d'autres pays. Il est donc dans l'intérêt du gouvernement de surveiller le marché pour satisfaire tout le monde.

Je suis favorable à ce que les gouvernements possèdent des entreprises importantes et des fermes et supervisent la production. Si le gouvernement possède des terres et des fermes, il serait plus facile de garantir la disponibilité de nourriture à tout moment et en tout lieu, à des prix raisonnables, au moins pour nourrir ceux qui ne peuvent pas se la permettre.

Le principe du laissez-faire, laissez-passer est une autre composante du capitalisme. Cela signifie que les gouvernements devraient permettre aux entrepreneurs de produire ce qu'ils peuvent, sans restrictions, sauf, comme mentionné, sur la production d'armes et de drogues. À part cela, les entrepreneurs peuvent apporter le meilleur aux sociétés. Les gouvernements connaissent les besoins et désirs de leurs citoyens ; dans ce cas, ils peuvent guider les entrepreneurs sur quoi produire, comment produire et pour qui produire.

Il est dans l'intérêt de tout pays en développement qui tente d'adopter le capitalisme d'appliquer rigoureusement chaque théorie pour atteindre la quantité et la qualité de production économique dont il a besoin. La supervision gouvernementale de l'économie est recommandée car c'est la seule entité qui se soucie réellement du bien-être du peuple.

Le socialisme est bon pour les pays en développement

Les raisons de la chute du socialisme

En théorie, le socialisme bénéficie aux citoyens de tout pays. Il offre des emplois, des logements, des soins de santé, des prestations de sécurité sociale, des allocations maternité, et protège les dépôts bancaires. Cela semble idéal, sauf que le socialisme a échoué dans de nombreux pays pour plusieurs raisons profondes, ce qui a conduit à l'abandon de ce système économique. L'effondrement du socialisme peut être attribué à des raisons à la fois politiques et pratiques, mais à mon avis, il n'a pas été pratiqué comme les théoriciens socialistes l'avaient imaginé.

Par exemple, lorsque les terres étaient réparties entre les paysans ou agriculteurs dans les pays socialistes, on leur disait quoi produire, comment produire, et pour qui produire. Jusqu'à ce point, tout semblait bien conçu. Cependant, ceux qui avaient confié la production aux agriculteurs ne les surveillaient jamais ni ne faisaient de suivi.

Essentiellement, ils leur donnaient la terre et les outils, puis les laissaient à eux-mêmes, s'attendant à ce que la production ait lieu. De plus, le gouvernement ne tenait jamais aucun agriculteur responsable, ce qui devint un échec pratique dans tous les pays socialistes. Le gouvernement aurait dû effectuer des suivis, récompenser les meilleurs agriculteurs ou les remplacer par des plus productifs, soucieux de la qualité du service. Si les agriculteurs avaient su qu'ils pouvaient perdre leurs terres ou être remplacés, ils auraient été motivés à maintenir leur productivité.

La deuxième raison de la chute du socialisme était politique. Chaque pays capitaliste, surtout durant la guerre froide, a rejeté le socialisme et le communisme. L'Occident critiquait ces systèmes, craignant qu'ils ne prennent le contrôle du monde. À l'époque, l'Union soviétique cherchait activement à convaincre d'autres pays d'adopter ces systèmes, en partie pour contrarier l'Occident. En réponse, l'Occident lutta farouchement pour empêcher la diffusion de cette philosophie et commença à diffuser des informations et de la propagande, même dans les écoles et universités, sur les conséquences négatives du socialisme et du communisme.

Des millions de personnes en sont venues à croire que ces systèmes étaient préjudiciables au bien-être des populations.

À mon avis, si la Russie n'avait pas essayé d'imposer ces systèmes à d'autres pays pendant la période inappropriée de la guerre froide, elle aurait pu se concentrer sur la réussite du socialisme ou du communisme et démontrer au monde que ces idéologies pouvaient être bénéfiques pour le bien-être de tout pays. De nombreux pays occidentaux ont rejeté la Russie et découragé les pays socialistes de se concentrer sur le progrès.

De cela, nous pouvons conclure qu'aujourd'hui est un moment opportun pour mettre en œuvre le socialisme dans les pays en développement afin d'améliorer la vie de millions de citoyens. Les gouvernements de ces pays peuvent défricher des terres et les diviser en grandes fermes, allouant ces terres fertiles à des agriculteurs spécialisés et sérieux, soucieux de l'avenir de leur pays. Les dirigeants de ces fermes devraient recevoir tous les outils et fonds nécessaires pour réussir. Ces dirigeants devraient aussi recevoir des incitations s'ils réussissent à produire suffisamment de nourriture et de services. Ils doivent comprendre qu'ils peuvent être remplacés s'ils perdent la confiance ou échouent à atteindre la production minimale de biens et services nécessaire pour satisfaire le marché.

Les gouvernements devraient surveiller la production dans chaque État. Les États devraient établir des comités avec des spécialistes aux niveaux municipal et régional pour suivre la performance de ces fermes. En très peu de temps, tout pays adoptant ces techniques augmentera significativement la production agricole à un niveau incroyable. Ce faisant, ils pourront satisfaire les besoins des marchés locaux et commencer à exporter des produits vers d'autres pays ou les échanger contre des articles, biens et services dont ils manquent.

La propriété privée des terres

La propriété privée des terres présente des défis. Les propriétaires fonciers et les agriculteurs peuvent contrôler les quantités et les prix des cultures. Certains propriétaires pourraient un jour décider de vendre leurs terres pour le développement immobilier, entraînant la perte de portions importantes de terres fertiles. Par conséquent, l'intérêt national doit primer sur les intérêts privés. Pour conserver leurs terres, les propriétaires privés devraient contribuer à la production de biens et services afin de satisfaire tous les besoins et désirs des citoyens, s'ils le choisissent.

Gouvernement parfait

Pour avoir un gouvernement parfait, un pays a besoin d'une institution supérieure, telle que le Congrès ou le Parlement, composée de nombreux membres sérieux et dévoués. Cette institution devrait être la décision ultime et détenir tout le pouvoir dans le pays ; un pouvoir concentré entre les mains d'une seule personne constitue une menace pour le pays, surtout si cette personne est arrivée au pouvoir par un coup d'État ou une lutte politique. Pour un tel dirigeant, un seul mandat n'est souvent pas suffisant, car il a combattu durement contre le régime précédent ou d'autres partis politiques. Ce dirigeant pourrait se sentir en droit d'obtenir plusieurs mandats, ce qui, dans certains pays, peut mener à 30 ou 40 ans au pouvoir. Souvent, ces dirigeants envisagent même de transmettre le pouvoir à l'un de leurs enfants.

Un pays devrait avoir au moins trois ou quatre partis politiques forts, y compris des partis ouvriers et étudiants. Les partis traditionnels démocrate et républicain sont quelque peu dépassés aujourd'hui et ont perdu de leur crédibilité au fil du temps, car ils n'ont pas tenu leurs promesses et ont contribué à l'appauvrissement des populations.

De plus, ces partis ne représentent pas les intérêts des travailleurs et des étudiants, qui sont l'épine dorsale d'un pays, et abordent rarement leurs problèmes. Ces groupes sont souvent ignorés dans les discussions politiques et sociales, éclipsés par le sport et la musique. Par ailleurs, l'inclusion de partis progressistes et technocratiques est cruciale, car ils peuvent impulser le changement et inspirer espoir et motivation.

Chaque ville et chaque gouvernement régional devrait disposer d'une version plus petite du cabinet, comprenant des départements tels que l'économie, le commerce, l'industrie, l'agriculture, la justice, les travaux publics, l'éducation, le tourisme et les activités culturelles. Les cabinets doivent inclure des responsables diplômés et experts dans leur domaine. Les cabinets et les parlementaires devraient coordonner leurs actions quotidiennement afin d'assurer transparence et sincérité.

Chaque État devrait élire un cabinet d'État dans les mêmes disciplines pour le représenter au Parlement ou au Congrès. Les membres doivent également être des experts dans leurs domaines respectifs et posséder une formation supérieure. Le Parlement devrait ensuite inclure huit à dix représentants ou députés de chaque État, en plus d'un cabinet similaire provenant de chaque parti politique. Cette haute institution discuterait des affaires du pays et voterait en dernier ressort les lois et projets concernant la nation. C'est l'autorité suprême du pays.

Le parti au pouvoir aurait besoin de l'approbation du Parlement pour choisir les membres de son cabinet, y compris tout général, comme c'est le cas aux États-Unis. Le président ne peut nommer aucun haut fonctionnaire ou ambassadeur sans le consentement du Congrès ou du Parlement.

Si le Parlement ou le Congrès n'est pas satisfait des performances du gouvernement en place, il peut organiser un vote de défiance et appeler à l'élection d'un nouveau gouvernement, comme au Royaume-Uni. Le vote de défiance est un moyen efficace de maintenir la responsabilité de tous, plutôt que d'attendre simplement la fin du mandat du président pour élire un nouveau leader. Il est inefficace pour un pays d'attendre quatre ou cinq ans à chaque fois qu'un président agit mal ! Le Parlement ou le Congrès pourrait accorder au gouvernement en place une dernière chance de corriger les problèmes, mais une seule fois. Le Parlement supervise toutes les forces militaires et les forces de l'ordre et a le droit de changer tous les hauts fonctionnaires de l'armée, de la marine, de l'armée de l'air et des forces de police. Cela empêche le pays de devenir une dictature militaire.

Le président devrait avoir un vice-président, servant d'outil à double tranchant. Premièrement, si quelque chose arrive au président, le vice-président prendra ses fonctions. Deuxièmement, cela empêche le président de devenir le seul décideur, risquant de devenir un dictateur ou de nommer un membre de sa famille comme successeur.

Toutes les lois et projets majeurs doivent être analysés par un comité spécial avant même d'arriver en séance plénière du Parlement. Ainsi, tout gouvernement doit considérer soigneusement ses actions et projets. Cela permet de gagner du temps et de fermer toute porte ouverte à la malversation financière ou au népotisme dans l'attribution des projets.

Un comité majeur du Parlement devrait être formé en sélectionnant les meilleurs membres du cabinet du pays pour prendre des décisions en cas de blocage. Il existe pour examiner, écouter les commentaires, recevoir les critiques et chercher les meilleures solutions dans l'intérêt des citoyens et du pays.

Chaque membre du Congrès ou du Parlement devrait être élu pour cinq ans et limité à deux mandats. Les parlementaires de longue date peuvent créer des lobbys ; ces derniers agissent parfois comme une dictature douce pour les entreprises. Le président devrait être élu pour quatre ou cinq ans, également limité à deux mandats. Le président ne doit jamais avoir le pouvoir de modifier la Constitution ; cette compétence revient uniquement au Parlement.

Un bâtiment spécial devrait être construit dans la capitale pour accueillir les sessions parlementaires. De plus, un hôtel devrait être construit à proximité pour héberger les membres lorsqu'ils sont en ville. Les membres devraient résider dans leurs villes ou communes respectives jusqu'à la convocation d'une session afin d'éviter des dépenses inutiles. Ils devraient rester dans leurs villes pour suivre les projets en cours et écouter les préoccupations des citoyens, car « loin des yeux, loin du cœur », comme le dit l'adage.

La constitution du pays devrait être conçue avec la participation de ses citoyens. Ceux-ci devraient être impliqués dans la formation des lois du pays afin de favoriser un sens de responsabilité et de liberté. La constitution doit définir le but, la nécessité et les multiples pouvoirs du « Parlement » comme institution suprême du pays. Rien ne devrait être fait sans l'approbation du Parlement. En même temps, les députés ou membres du Parlement ne devraient bénéficier d'aucune immunité en cas d'abus de pouvoir ou d'utilisation de leur position politique à des fins personnelles.

Décision politique

Lorsqu'un pays se rend compte que la situation devient vraiment mauvaise, il devient obligatoire et urgent pour le dirigeant d'arrêter tout et de déclarer une nouvelle ère. Cette nouvelle ère implique un plan pour changer les choses non seulement en mieux, mais pour le meilleur. Une décision politique est généralement associée à l'amour du pays et à la volonté de tout faire pour le rendre triomphant. Même si la situation est vraiment mauvaise, le dirigeant doit être honnête avec son peuple, et il n'y a aucune honte à demander de l'aide pour réparer les choses ensemble. Chaque pays compte des milliers de personnes intelligentes capables de renverser la situation et de pousser vers le succès. Heureusement, l'intelligence n'appartient à aucune entreprise ni n'est brevetée par un individu riche ; sinon, chaque pays pauvre resterait pauvre pour toujours.

La décision politique est la clé du succès. Si un dirigeant prend une telle décision, les citoyens se rallieront derrière lui pour construire leur pays ensemble, par le travail acharné, le dévouement et le respect mutuel, visant ultimement les étoiles. Le dirigeant doit fixer un objectif et annoncer ses ambitions pour que son pays devienne aussi puissant que certains standards, que son peuple excelle comme d'autres, et que les générations futures aient une vie meilleure.

Le dirigeant doit également définir des objectifs mesurables pour rendre le pays fort, puissant, autonome et capable de produire tout ce dont son peuple a besoin et envie.

Certains pays envoient volontairement des étudiants en Occident pour apprendre à produire des biens et services. D'autres envoient des étudiants pour imiter les méthodes d'enseignement, la gestion des soins de santé et des affaires sociales en Europe. Certains pays envoient des étudiants apprendre la technologie dans d'autres nations, tandis que d'autres ont même envoyé des espions pour apprendre à fabriquer certains produits. Un gouvernement qui souhaite lancer une nouvelle révolution industrielle doit entreprendre toutes ces mesures pour réussir.

Le Japon en est un exemple ; dans les années 1850, lorsque le commodore Matthew C. Perry mena une expédition au Japon, les Japonais furent consternés par la puissance des nouveaux canonnières et réalisèrent à quel point ils étaient en retard par rapport aux États-Unis. L'empereur décida de mettre fin à une politique d'isolation de 200 ans et envoya des étudiants aux États-Unis et en Europe pour étudier et découvrir les nouvelles inventions de l'époque. Ce fut une décision politique cruciale prise par l'empereur du Japon pour industrialiser son pays et le moderniser.

Les gouvernements des pays en développement devraient adopter la même décision politique et embrasser la vision que l'empereur japonais avait eue. Il transforma son pays d'un État féodal et agricole en l'un des pays les meilleurs et les plus avancés du monde. Aujourd'hui, le Japon possède la troisième économie la plus forte du monde, après les États-Unis et la Chine.

Pour encourager les dirigeants des pays en développement, il est remarquable que le Japon possède l'une des plus petites quantités de ressources naturelles au monde. Pourtant, grâce à la détermination et aux bonnes décisions politiques, les ingénieurs japonais ont pu acquérir des ressources auprès d'autres pays, puis fabriquer certains des meilleurs biens, outils, machines, voitures et ordinateurs, qu'ils vendent au reste du monde. On disait autrefois que le Japon achetait de lourdes voitures russes, fondait leur fer et acier, et fabriquait deux voitures pour chaque voiture russe. Grâce à la détermination et au travail acharné, un pays peut renverser la situation et devenir vraiment puissant et moderne.

La décision économique est la clé

Le gouvernement de tout pays doit avoir un plan pour réparer l'économie ou pour lancer une économie efficace. La première étape dans l'exécution de ce plan est d'avoir les bonnes personnes aux bons postes. Avoir les bonnes personnes est essentiel pour le succès de tout gouvernement et de tout pays à tout moment. Beaucoup de pays se sont effondrés à cause de dirigeants incompétents placés au pouvoir soit par héritage, par la force, ou par tromperie. Diriger un pays n'est pas comme gérer un magasin ou une garderie.

Alors que gérer un magasin ne nécessite pas forcément d'éducation ou de spécialisation pour vendre des produits basiques, diriger un pays demande une connaissance approfondie, une spécialisation, une éducation, de l'intelligence, et une vision claire pour l'avenir. Vivre au jour le jour et bricoler n'est pas la bonne méthode pour redresser une économie en déclin. Pour cela, un gouvernement doit établir des plans sur 4 à 5 ans, précisant ce qui doit être fait pour atteindre ces objectifs. Les citoyens préfèrent des dirigeants qui ont des plans clairs et une approche visionnaire. Ces plans montrent de manière réaliste l'intérêt, l'intelligence, les intentions et le souci des dirigeants pour leurs citoyens et leur pays.

Fixer une date et une année précises pour la réalisation des projets met tout le monde d'accord et aide à respecter l'agenda inscrit dans le plan. Par conséquent, un dirigeant doit rassembler toutes les ressources et s'assurer que tout le cabinet travaille ensemble pour transformer les promesses en réalité. Il vaut mieux fixer une date précise qu'une date ouverte que les ouvriers et responsables ne respectent pas. Pour eux, tous les projets se termineront un jour ou l'autre, donc il n'y a pas d'urgence. Malheureusement, cette attitude est très courante dans la plupart des pays en développement. C'est une des raisons majeures pour lesquelles de nombreux projets sont abandonnés ou leurs phases reportées sans raisons claires. Certains projets passent d'une administration à une autre, certains ne sont jamais terminés, et d'autres sont déclarés terminés uniquement sur papier. Chaque nouveau gouvernement blâme le précédent pour sa négligence et son incapacité à finir le travail, retardant ainsi de nombreux projets économiques importants qui auraient pu sauver argent et emplois au pays.

Beaucoup de dirigeants évitent ce type de planification définitive, peut-être parce qu'ils ne veulent pas être tenus responsables du non-respect de leurs projets et promesses. Je trouve ces plans précis précieux parce qu'ils peuvent faire pression sur l'administration pour tout accomplir dans les délais. Je crois qu'un travail bien fait donne généralement au dirigeant l'opportunité d'être réélu. Dans la vie, il est naturel de faire des plans. Par exemple, quelqu'un pourrait dire : « D'ici la fin de l'année prochaine, j'aurai économisé 20 000 $ pour acheter une voiture. » Avoir un tel plan est en effet une stratégie de succès. Le succès encourage aussi cette personne à s'efforcer d'économiser à nouveau pour quelque chose de plus grand.

Finalement, cela mène à un sentiment d'accomplissement et de responsabilité.

Si chaque nouveau gouvernement fait un plan sur 4 ou 5 ans, par exemple, le pays accomplira beaucoup, car les plans maintiennent chaque ressource et chaque responsable concentrés sur la recherche de l'excellence.

La décision économique vise aussi à sensibiliser les citoyens à ce qui doit être fait pour amener la société vers des standards plus élevés et de meilleures orientations. Elle motive également les citoyens à participer, exceller et devenir des leaders et modèles pour d'autres nations. Lorsqu'un pays termine le Plan A, il peut passer au Plan B, puis au C, jusqu'à ce que tout le pays soit construit de manière bien organisée en peu de temps. Travailler sans but ne mène jamais à rien, et beaucoup d'argent est perdu dans le processus, parfois sans laisser de trace. Certains responsables aiment opérer dans l'opacité, et d'autres veulent être leaders sans vouloir diriger avec responsabilité.

Formation des organes administratifs sub-gouvernementaux

Des organes administratifs sub-gouvernementaux devraient être créés aux niveaux municipal et régional. Par exemple, chaque ville municipale devrait établir un organe sub-gouvernemental similaire au gouvernement national. Le maire devrait former un cabinet comparable à celui choisi par le président. Chaque secteur devrait être dirigé par un spécialiste dans ce domaine, tout comme au gouvernement national ou fédéral. Par exemple, il pourrait y avoir un responsable chargé de l'agriculture, un autre de l'industrie, un autre du commerce, un autre de la construction, un autre de l'éducation et de la santé, et un autre du tourisme. Il est crucial de placer la bonne personne au bon poste. La bonne personne est celle qui possède un diplôme ou une expérience dans ce domaine. Quand on a la bonne personne au bon endroit, les résultats sont plus faciles à atteindre. Beaucoup de pays en développement souffrent du phénomène d'avoir la mauvaise personne dans les secteurs les plus sensibles. Malgré la présence de nombreuses personnes intelligentes et expérimentées, elles sont souvent marginalisées, selon la plupart des citoyens.

La pratique du vote de défiance, telle qu'elle est appliquée dans certains pays (notamment au Royaume-Uni), est un outil précieux pour maintenir le contrôle et assurer la responsabilité. Elle incite les responsables municipaux à travailler diligemment et de manière responsable pour satisfaire les besoins et désirs des citoyens.

Tous les maires et responsables municipaux devraient être originaires de l'État où ils servent. Ils comprennent leur ville et ses subtilités, sont en contact avec ses citoyens, et savent ce qui doit être fait. Un étranger ne posséderait pas cette connaissance intime. Le temps qu'un étranger se familiarise avec les quartiers et les responsables de la ville, son mandat pourrait être terminé. Élire quelqu'un qui ignore la ville qu'il est censé gérer est une pratique courante mais improductive dans les pays en développement.

De même, les gouverneurs doivent être originaires de l'État qu'ils gouvernent et devraient être élus par les citoyens de cet État. Les gouverneurs venant d'autres États pourraient ne pas se soucier de l'État qu'ils supervisent ; ils chercheraient seulement des projets servant leurs intérêts personnels avant de passer à d'autres États pour répéter le processus jusqu'à leur retraite. C'est un problème notoire parmi les pays en développement dans leur gouvernance des États. Certains pays ne permettent même pas aux citoyens de choisir leurs gouverneurs ; ces derniers sont plutôt nommés par le gouvernement fédéral sans consultation du Parlement.

Les gouverneurs devraient également former une sorte de cabinet comprenant des responsables possédant les mêmes qualifications en termes de spécialité et d'expérience requises pour exercer ces responsabilités. Chaque responsable sera chargé du secteur lié à sa spécialité : économie, agriculture, construction, éducation, santé, etc., à travers l'État.

La perte de confiance est nécessaire pour que chacun soit responsable de sa performance. Une mauvaise performance du cabinet devrait coûter leur emploi au gouverneur et à son cabinet.

Les juges, shérifs et superintendants des districts scolaires doivent également être originaires de la même ville qu'ils servent. Leur élection est cruciale car la responsabilité est l'un des principaux facteurs contribuant à l'appauvrissement des citoyens dans les pays en développement.

Même au niveau des ambassades, le gouvernement devrait affecter des personnes spécialisées et expérimentées dans des domaines tels que l'économie, l'agriculture, l'industrie, l'éducation et la santé. Ces individus ont également le devoir de recueillir des idées sur la façon dont les pays hôtes gèrent divers secteurs. En d'autres termes, ils doivent faire rapport sur les meilleures méthodes et techniques pour gérer les entreprises, les banques, l'agriculture, l'éducation, et même la culture.

Décisions collectives

Une société ou un gouvernement parfait doit impliquer son peuple à chaque étape pour assurer que tout fonctionne bien. Les débats économiques, éducatifs et politiques sont sains et précieux pour le bien-être d'un pays. Parfois, de nombreuses décisions prises au sommet ne sont pas acceptées par la majorité des citoyens ; c'est pourquoi beaucoup sont modifiées tôt ou tard. Les forums sont un bon point de départ pour apprendre comment faire, améliorer ou inventer des choses. Une société parfaite mettrait en place des forums et des conventions pour étudier chaque secteur ainsi que les raisons ou causes des dysfonctionnements dans ce secteur particulier.

Certains gouvernements dans les pays en développement organisent des réunions nationales pour discuter de questions triviales comme s'il s'agissait d'événements majeurs. Ils devraient plutôt se concentrer sur des enjeux mondiaux et nationaux de sécurité plus pressants.

Les agriculteurs devraient se réunir en forums et conventions pour discuter de la manière d'améliorer l'agriculture et d'utiliser des méthodes efficaces pour produire davantage de récoltes. Un ministre de l'agriculture ne devrait pas occuper ce poste s'il n'a jamais planté un arbre de sa vie. Le ministère de l'agriculture devrait être dirigé par une personne expérimentée qui a passé sa vie dans l'agriculture. De même, le ministère de l'industrie ne devrait pas être confié à quelqu'un qui n'a jamais inventé un gadget. Ce ministère devrait être dirigé par quelqu'un qui a inventé plusieurs choses au cours de sa carrière.

Les immigrés devraient aussi être impliqués dans les processus décisionnels concernant l'économie de leur pays d'origine. Les immigrés ayant de l'expérience, des entreprises et des idées sont des outils très précieux pour améliorer le bien-être d'un pays. Ils doivent se voir offrir l'opportunité, et parfois la priorité, d'aider et de participer au progrès de leur pays natal.

Tous les citoyens devraient être impliqués dans le processus décisionnel de tout projet. Parmi eux se trouvent des millions de personnes éduquées, intelligentes, avec expérience et vision. Souvent, le nombre de personnes intelligentes parmi les citoyens dépasse celui des personnes compétentes dans n'importe quel gouvernement. Je ne comprends pas pourquoi certains gouvernements pensent savoir mieux que leurs citoyens ce qui est bon ou mauvais pour eux. L'argent, le statut et les postes ne font pas nécessairement de bons présidents ou ministres. Un fonctionnaire ou même une personne ordinaire avec un emploi, une maison et une voiture, en principe, n'a pas besoin de voler ou d'accepter des pots-de-vin. Le vol et l'acceptation de pots-de-vin doivent être combattus vigoureusement et être source de honte majeure dans la société. D'autres mauvaises habitudes et substances doivent être interdites et combattues au maximum pour assurer la sécurité et le bien-être des enfants, des hommes et des femmes. La justice est un outil essentiel pour créer une société sûre et développée.

Dans une société parfaite, toutes les prisons devraient être transformées en hôpitaux, et chaque caserne militaire en universités. C'est une décision nationale et une priorité de transformer une société en une société parfaite.

Les facteurs de production

Si un pays possède les quatre facteurs de production, alors il n'a aucune excuse pour ne pas se développer ou pour rester pauvre. Les facteurs de production sont présents dans presque tous les pays ; par conséquent, chaque pays devrait travailler dur pour les utiliser et décoller économiquement. En plus de la terre et du travail, il y a le capital. Les économistes divisent le capital en deux catégories : le capital physique, qui comprend l'argent et les machines, et le capital intellectuel, qui englobe les personnes intelligentes, les ingénieurs, les scientifiques, les entrepreneurs et les personnes avec des idées. Je crois que chaque pays en développement possède un nombre abondant de ces spécialistes.

La terre fait référence aux nombreuses ressources naturelles qu'un pays possède pour produire des biens et services. Je suppose que la plupart des pays développés disposent de ces ressources. Certains pays ont même de l'or et des diamants qui pourraient être utilisés pour acheter les machines, outils et technologies nécessaires à la production de biens et services. Au lieu d'utiliser les revenus de ces ressources coûteuses pour acheter de la nourriture, des médicaments et des vêtements, ces pays peuvent inverser la donne et utiliser ces revenus pour lancer une grande économie.

Le travail fait référence au nombre de personnes prêtes à travailler pour produire des biens et services. Il est bien connu aujourd'hui que les pays en développement ont une énorme population de jeunes qui peuvent propulser l'économie à un très haut niveau. Ces jeunes attendent simplement que leurs gouvernements rassemblent toutes les ressources pour lancer une industrie robuste qui améliorerait leur vie.

Le capital physique fait référence à l'argent investi dans la production de biens et services. Une partie de ce financement peut provenir du trésor national lors de la conception du budget national, ou les banques peuvent parrainer ces projets. Si ce n'est pas possible, les immigrés de ces pays peuvent participer à l'économie de leur pays d'origine. Les immigrés peuvent créer une organisation pour collecter des dons afin d'acheter les machines nécessaires à la production de biens et services. Les immigrés se soucient souvent profondément de leur pays natal et du bien-être de leurs compatriotes. Parfois, il est du devoir national d'aider s'il existe une façon de le faire. Au minimum, une personne peut dire à ses enfants qu'elle a participé au développement de son pays. De plus, c'est une excellente manière d'enseigner à nos enfants que l'amour pour son pays et son peuple est une qualité louable. C'est ainsi que nous construisons des citoyens responsables et bienveillants.

Le capital intellectuel fait référence au nombre abondant de personnes intelligentes dans un pays donné. Je dis cela parce que des milliers d'étudiants diplômés d'universités dans de nombreuses spécialités différentes et exigeantes sortent de chaque pays en développement.

Certains de ces étudiants font partie des plus brillants du monde. Beaucoup d'entre eux ont obtenu leur diplôme dans les meilleures universités du monde. Moi-même, j'ai été diplômé d'une université américaine et j'ai vu de première main ceux qui ont obtenu leur diplôme avec mention ; la plupart venaient de pays en développement, et j'en faisais partie.

En plus de ces individus, il y a des milliers, voire des millions, de personnes expérimentées qui peuvent élever leur pays à un très haut niveau.

Comment utiliser efficacement ces facteurs

Parmi les meilleures façons d'utiliser efficacement ces facteurs, on peut citer :

- Créer un comité national pour superviser l'industrie.

- Diviser le pays en régions et établir un comité dans chaque région. Organiser des conventions pour étudier comment lancer la nouvelle industrie.

- Discuter des priorités du pays lors de ces conventions. Former des clubs technologiques dans chaque ville pour favoriser davantage d'ingéniosité.

Le comité national devrait d'abord discuter des priorités du pays, formuler un plan et se concentrer sur quoi produire, quand le produire, et pour qui le produire. Le comité sera responsable de s'assurer que tout fonctionne parfaitement. Il est judicieux de diviser le pays en régions avec des sous-comités. Chaque comité local devrait s'efforcer de collecter des fonds, même par des dons si nécessaire, pour ouvrir des usines et embaucher des ingénieurs et spécialistes afin de lancer de nouvelles usines ou ateliers. Si une région performe bien, les autres devraient demander conseil ; mais si une région est en difficulté, les résultats seront évidents et il sera clair qui est responsable.

Le gouvernement fédéral devrait organiser des concours entre États pour voir qui travaille dur et progresse. Il devrait récompenser chaque comité pour son travail acharné et pour avoir orienté l'industrie dans la bonne direction. De temps en temps, ces comités devraient organiser des conventions pour discuter des réalisations, améliorer la production et le marketing, et chercher de nouvelles façons d'économiser de l'argent et du temps.

Davantage de conventions devraient être organisées dans tous les domaines, y compris l'agriculture, l'industrie, les inventions, la médecine, la fabrication automobile, l'éducation, le tourisme, les transports, la banque et l'informatique. Les conventions permettent au pays d'évaluer sa direction. Elles permettent aussi aux entreprises de voir où elles se situent par rapport aux entreprises mondiales, et quelles améliorations sont nécessaires dans leur travail, leurs biens et services, ainsi que de fixer des objectifs futurs. Les conventions aident à maintenir le focus dans chaque domaine et à atteindre les objectifs en très peu de temps, économisant temps et ressources. Aux États-Unis, des conventions ont lieu chaque semaine, notamment dans des villes comme Orlando, en Californie, et Philadelphie, qui accueillent les plus grands centres de congrès. Des professionnels de tous les secteurs du pays viennent à ces conventions pour discuter des nouvelles inventions, des nouvelles méthodes commerciales, des nouvelles techniques de production, et comment s'efforcer d'être les meilleurs dans tous les aspects.

Priorités et futilités

La première priorité pour un pays en développement est d'être indépendant en matière de production alimentaire. Il est crucial qu'un pays produise sa propre nourriture ; sinon, il est déraisonnable qu'il revendique son indépendance tout en dépendant des importations alimentaires. La production alimentaire est gérable, depuis la culture jusqu'à la distribution et la livraison aux citoyens. Aujourd'hui, de nombreux pays en développement dépendent davantage des importations que de leur propre production. Les terres fertiles doivent être pleinement exploitées pour produire autant que possible afin de nourrir la nation. Le gouvernement devrait défricher toutes les terres inutilisables et les transformer en sols fertiles. Chaque ferme devrait employer les machines, pesticides et techniques appropriés pour garantir la quantité et la qualité adéquates de fruits et légumes produits. Le gouvernement devrait établir un réseau de transport solide pour assurer la livraison rapide des récoltes aux bons endroits. Toute l'industrie fonctionne comme une chaîne ; si un maillon casse, il ne faut pas s'attendre à des résultats favorables. Les gouvernements doivent guider les agriculteurs sur quoi produire, comment le produire, et pour qui le produire.

De grandes quantités d'eau sont essentielles pour l'agriculture. Les pays en développement situés au bord de la mer ou d'un océan ont un avantage significatif — ils possèdent cet « or liquide ». Tout pays disposant de fonds peut convertir l'eau salée de la mer ou de l'océan en eau potable, ce qui est vital pour une infrastructure agricole robuste.

Les serres consomment aujourd'hui moins d'eau que les espaces agricoles ouverts traditionnels.

La deuxième priorité pour qu'un pays en développement soit considéré comme un État indépendant est de produire ses propres médicaments. Avec la technologie actuelle et le grand nombre de scientifiques, médecins et pharmaciens, chaque pays en développement devrait être capable de produire ses propres médicaments sans avoir besoin d'importations. Un pays qui dispose d'eau en abondance, qui produit sa propre nourriture et ses médicaments, et qui ne dépend pas des pays développés pour ces ressources critiques, peut vraiment compter sur lui-même pour aller de l'avant.

Pour fournir de grandes quantités d'eau, de nourriture et de médicaments, un pays en développement peut créer des milliers d'emplois, rendant ce processus réalisable. Lorsque la qualité et la production atteignent des niveaux élevés, le pays peut exporter le surplus de fruits, légumes et médicaments vers d'autres pays pour générer des revenus supplémentaires.

Concurrence et peur

La concurrence et la peur sont des moteurs puissants du développement. Par exemple, sans la Guerre froide, les États-Unis et la Russie n'auraient peut-être pas atteint leurs niveaux actuels de technologie, notamment dans le domaine de l'armement. Dans les années 1980, on croyait que l'Union soviétique était en avance de 20 ans sur les États-Unis en technologie spatiale. L'exploit soviétique de mettre un satellite en orbite autour de la Terre a été motivé par la concurrence. De même, les États-Unis ont réussi à lancer une fusée qui a atteint la lune grâce à la compétition avec l'Union soviétique. Ainsi, la concurrence est un moyen bénéfique pour améliorer presque tout dans la vie.

La peur est également un facteur important dans le développement. Par exemple, Israël, par peur de ses voisins, a atteint un niveau très élevé de développement, notamment dans les domaines de l'armement, des télécommunications et de l'espionnage. De même, la Corée du Sud, par peur de son voisin la Corée du Nord, a atteint un haut niveau de développement et de technologie sophistiquée. Aujourd'hui, la Corée du Sud est la 13e plus grande économie mondiale.

Les pays en développement pourraient utiliser les notions de concurrence et de peur pour progresser à un très haut niveau en matière de sécurité économique et militaire.

Les pays en développement peuvent diviser la nation en zones industrialisées pour créer de la concurrence, contrôler la qualité et la quantité des biens et services, et rendre chaque président d'usine responsable. En d'autres termes, le gouvernement fournirait les moyens de production pour chaque zone, choisirait les bonnes personnes pour diriger ces usines, et définirait des attentes claires après des études approfondies. Ces usines devraient ensuite rivaliser avec d'autres zones pour produire les meilleurs biens et services et vendre leurs produits sur les marchés locaux et internationaux. Un comité superviserait la qualité et la quantité de ces produits.

Les bons présidents d'usine devraient être récompensés pour leur compétition, leur travail acharné et leur innovation, mais les présidents défaillants devraient être remplacés. La peur de perdre son emploi motivera un président d'usine à tout faire pour réussir. Malheureusement, la tradition de garder les mêmes présidents à la tête d'usines sous-performantes existe encore dans les pays en développement. De plus, l'absence de zones industrielles désignées entraîne un manque d'inspiration, de motivation ou de concurrence pour s'améliorer. Par ailleurs, il est difficile d'évaluer la quantité et la qualité des biens et services lorsqu'il n'y a pas de concurrence et rien à quoi les comparer.

Lancer une révolution économique nécessiterait les éléments suivants :

Prise de décision nationale.

Placer les bonnes personnes aux bons postes.

Mettre en place un nouveau système politique.

Mettre en place un nouveau système économique. Établir des plans.

Choisir un pays modèle à imiter.

Garantir la liberté d'expression aux citoyens, en particulier aux journalistes.

Promouvoir une éducation de qualité.

Éliminer la bureaucratie.

Collaborer avec tout le monde.

Organiser des forums et des conventions.

Commencer par les priorités telles que la nourriture et les médicaments.

Établir des droits pour protéger l'argent des citoyens dans les banques.

Impliquer chaque citoyen dans chaque projet.

Liste des objectifs à atteindre :

Atteindre l'indépendance alimentaire et médicamenteuse.

Développer une industrie moderne.

Développer une agriculture performante.

Élever la qualité du système éducatif.

Améliorer la qualité de vie des citoyens.

Fabriquer ses propres besoins militaires.

Maintenir une armée forte.

Progresser dans tous les domaines technologiques.

Cultiver une diplomatie forte.

Exceller dans tous les secteurs.

Permettre aux entreprises locales de fabriquer tous les biens nécessaires.

Construire une nouvelle structure politique.

Bâtir un gouvernement fort.

Créer une économie compétitive.

Établir un nouveau système politique basé sur la technocratie.

Éliminer les obstacles bureaucratiques.

Garantir la liberté de la presse.

Patriotisme et fierté nationale

Les peuples et les gouvernements doivent travailler ensemble pour renforcer leur pays dans tous les secteurs possibles. Rien n'est impossible dans ce monde ; c'est une question de reconnaître la défaite, de rejeter les circonstances, puis de se relever et de se battre pour ce qui est bénéfique à l'avenir de la nation. Il n'y a rien à perdre, surtout si une nation traverse des défis sociaux, économiques, sanitaires et éducatifs sévères.

Les gouvernements doivent rassembler leurs citoyens derrière eux et éveiller un sentiment de patriotisme et de fierté nationale pour surmonter la pauvreté ou toute période difficile, reconstruire leur pays et forger un avenir meilleur pour eux-mêmes et les générations futures.

Les citoyens doivent assumer la responsabilité envers leur pays, pas seulement envers leur gouvernement, car en fin de compte, c'est un devoir qu'ils doivent à leurs petits-enfants, qui pourraient un jour demander : « Pourquoi n'avez-vous rien fait ? » Comme l'a dit Mahatma Gandhi, les citoyens doivent être le changement qu'ils veulent voir dans le monde.

Les pays en développement doivent comprendre que personne ne viendra à leur secours ; le monde est dur, et la survie favorise aujourd'hui les plus forts, pas seulement les plus aptes. Les citoyens doivent aussi comprendre qu'attendre que leur gouvernement agisse est souvent vain. Parfois, les gouvernements manquent d'argent, d'outils, ou des deux ; par conséquent, les gens doivent compter sur eux-mêmes, car le travail acharné finira par porter ses fruits.

L'éducation du peuple est un domaine dans lequel les gouvernements doivent investir. Bien que coûteuse, elle porte ses fruits à long terme. Le succès du Japon est largement dû à son accent mis sur l'éducation et la discipline. Les gouvernements devraient ne laisser diriger que des jeunes, instruits et patriotes. Comme le dit le proverbe : « Celui qui n'a rien ne peut rien donner. » Ils doivent ouvrir la voie à la jeunesse, car elle porte l'amour de son pays et de son peuple. Une fois qu'une nation est unie sous un même drapeau, un même pays et une même direction, elle peut faire une différence significative dans la société. Les tribus hostiles, les races, les aborigènes et les immigrés doivent faire la paix et s'unir pour sortir le pays des ténèbres. L'histoire montre que les conflits mesquins n'ont jamais fonctionné dans aucun pays, à aucune époque ; ils ne font que plonger les pays plus profondément dans la pauvreté et la misère. Tous les citoyens devraient apprendre du monde qui les entoure que chaque conflit engendre plus de conflit. La seule chose qui peut unir tous les peuples est leur pays, son destin et le sort des générations futures. Tout le monde a des enfants, et chacun devrait être conscient de ce qu'il fera pour rendre le pays meilleur pour qu'ils y vivent. Il est de la responsabilité de tous les citoyens de mettre de côté la fierté et l'ego personnels et d'embrasser la fierté nationale pour lancer une révolution économique assez forte pour élever le niveau de vie de toutes les communautés.

Pour y parvenir, les gouvernements doivent éduquer leur peuple à travers les publicités, la propagande, les panneaux d'affichage, les écoles et tous les moyens de communication disponibles afin d'inculquer un esprit national qui les motive à se lever et à construire leur pays. Nous devrions avoir honte de ne pas travailler dur et de laisser d'autres nations diriger le monde ; nous devons aussi être des leaders ; assez d'être toujours des suiveurs. Il n'y a pas de différence entre les peuples du Nord et ceux du Sud, sauf dans leur éthique de travail. Travailler dur ne devrait pas être une option ; cela devrait être un mandat national pour sortir les gens de la pauvreté, de la misère et des problèmes sociaux qui ont miné chaque aspect de nos vies.

Les gouvernements devraient aussi investir temps et argent pour éduquer les citoyens sur les scientifiques et les dirigeants qui ont accompli l'impossible afin qu'ils puissent les prendre comme modèles avec pour but de réparer tout ce qui ne fonctionne pas correctement. Les villes et les rues devraient aussi porter les noms de scientifiques, inventeurs, dirigeants et philosophes mondiaux qui ont conduit leurs sociétés vers le succès et le développement.

Choisir un pays modèle et le suivre

Si un pays en développement trouve compliqué de lancer une économie, tout ce qu'il a à faire est de choisir un pays développé qu'il considère performant et de suivre de près ses pas. Il existe plusieurs pays développés dans le monde, chacun abordant les choses à sa manière. Il faut se rappeler qu'aucune économie n'est identique ; chacune est façonnée par sa géographie, ses ressources, ses lois, sa culture et son histoire.

Certains pays ont la chance d'être situés près des océans, mers ou rivières, ce qui offre de meilleurs emplacements que les pays enclavés. Certains possèdent presque toutes les ressources nécessaires à la production, tandis que d'autres en ont peu ou presque aucune, mais dans tous les cas, il y a toujours des étapes à suivre pour progresser.

Certains pays ont des lois restrictives qui freinent le progrès national. Par exemple, dans certains pays, seul le gouvernement peut produire des biens et services, et dans d'autres, seul le gouvernement peut importer ou exporter des produits. Certains pays interdisent aux citoyens d'importer des voitures de l'étranger. D'autres n'autorisent pas les agriculteurs à vendre directement leurs produits à l'étranger ; les ventes doivent passer par le gouvernement. Dans tous les cas, le manque de liberté dans les affaires empêche une performance économique élevée.

La culture influence notre mode de vie depuis l'enfance. Chaque nation pratique le commerce différemment ; parfois cela fonctionne, parfois cela freine l'économie. Par exemple, les sociétés chinoise et japonaise ont une forte éthique de travail enracinée dans leur culture, un élément majeur qui a revitalisé leurs économies. En revanche, dans certains pays en développement, au lieu de travailler dur, beaucoup passent des heures dans les cafés à jouer aux échecs parce que cela fait partie de leur culture. D'autres aspects culturels positifs qui impactent les économies japonaise et chinoise incluent le dévouement, la discipline, l'unité et l'humilité. La culture japonaise, par exemple, valorise fortement le travail acharné et les longues heures. D'autres éléments culturels positifs au Japon incluent les standards élevés d'éducation et les pratiques religieuses. Le shintoïsme, par exemple, exige que les gens soient extrêmement propres pour être considérés comme purs et dévots.

L'histoire peut aussi freiner le progrès économique. Des centaines d'années de colonialisme, de servitude, d'esclavage et de mauvaise éducation continuent d'affecter le fonctionnement des pays en développement. Une longue histoire de crises financières, de corruption et de mauvaise gestion économique par de nombreux responsables a été un obstacle majeur au progrès.

Cependant, un pays sérieux à propos du lancement de son économie ne devrait pas s'attarder sur ces facteurs négatifs, mais plutôt regarder les pays qui ont réussi économiquement. Les États-Unis, le Japon, l'Allemagne, la Finlande, la Chine, et même la Turquie sont de bons modèles. Les dirigeants, comme mentionné dans plusieurs chapitres, doivent faire des choix décisifs pour établir une économie robuste afin d'élever leur pays et leur peuple à un niveau supérieur. Par le biais de personnels nationaux dans les ambassades, comme mentionné dans un chapitre précédent, dans les pays développés, ils pourraient étudier comment ces nations gèrent leurs économies. En d'autres termes, collecter des données, étudier comment ces pays produisent leurs récoltes, biens et services, analyser les formes gouvernementales réussies, comprendre le fonctionnement bancaire et examiner les systèmes éducatifs. Ils pourraient aussi imiter non seulement les méthodes, mais aussi la vitesse et la qualité avec lesquelles les autoroutes, ponts et gratte-ciel sont construits.

En 1871, lors de la Restauration Meiji au Japon — une grande révolution qui a instauré un nouveau système démocratique, social et politique conduisant à d'importantes réformes économiques et à la croissance — le pays adopta une approche similaire et forma la Mission Iwakura. Le gouvernement envoya plus de 100 hauts fonctionnaires, érudits et brillants étudiants, principalement aux États-Unis, en France, en Allemagne, en Belgique, en Suisse, en Grande-Bretagne et en Russie. Ces missionnaires examinèrent, notèrent et enregistrèrent méticuleusement tous les aspects des sociétés américaine et européenne, de l'agriculture à l'industrie, l'éducation, le commerce et même la politique. Immédiatement après cette expédition, le Japon réalisa qu'il était nécessaire de mettre en œuvre délibérément de nouvelles politiques pour enrichir le pays par la modernisation et l'industrialisation.

Des expéditions similaires pourraient être entreprises aujourd'hui par les pays en développement pour reproduire ces succès passés. Il s'agit simplement d'une question de bonne volonté et de bonnes intentions — « Là où il y a une volonté, il y a un chemin », comme dit le proverbe.

Zonage

Le zonage, comme mentionné dans les chapitres précédents, est une approche stratégique pour garder les industries, l'agriculture et la production bien structurées, gérées et supervisées. Un pays pourrait être divisé en quatre parties ou zones, chacune supervisée par des comités.

Par exemple, il pourrait y avoir un comité pour la production automobile, un comité pour la production agricole, et un comité pour d'autres productions à grande échelle.

Pour préciser, chaque région devrait compter un certain nombre de fermes, d'entreprises, d'usines et d'ateliers. Toutes ces unités devraient idéalement appartenir au gouvernement qui, selon moi, se soucie plus de ses citoyens et des intérêts nationaux que les grandes entreprises et propriétaires privés, qui peuvent s'en soucier moins. Chaque industrie devrait ensuite être supervisée par un comité dont la tâche est de s'assurer que chaque unité dispose des fonds et des outils nécessaires pour produire biens et services aussi efficacement que possible. Le comité est également responsable de la supervision de la production dans chaque secteur et de la nomination de la bonne personne pour diriger chaque industrie. Ce dirigeant sera récompensé pour une performance excellente. En revanche, une mauvaise performance coûtera à ce directeur son emploi, car il n'y a plus de temps à perdre, surtout dans les pays en développement où le temps est précieux. Cette politique maintiendra tout le monde concentré et motivé pour faire un meilleur travail.

L'avantage du zonage inclut aussi la possibilité de voir quelle région bénéficie au pays et quelle région n'en bénéficie pas. Dans certains cas, un ou deux États peuvent porter le poids pour le reste du pays, et puisque la production est continue, les autres usines peuvent s'en désintéresser. En zonant un pays, chaque région sera en compétition pour être la meilleure et sera régulièrement reconnue et récompensée.

La concurrence — un autre facteur de modernisation — entre régions conduira à l'excellence et au progrès. Les chances d'échec sont très minces car chacun est responsable et chaque travailleur remplit ses fonctions. Si quelque chose ne va pas dans un secteur, les comités interviennent pour corriger toute erreur et remettre l'unité sur les rails. Le suivi et la supervision de chaque étape de la performance de chaque secteur sont cruciaux pour traiter toute production lente qui coûte trop d'argent et de stress au gouvernement.

Il serait judicieux de ne pas payer les directeurs et employés des sommes excessives, mais plutôt un salaire décent avec des avantages et des primes trimestrielles. Les primes sont un moyen efficace de motiver aussi bien les travailleurs que les gestionnaires. En d'autres termes, si vous donnez à un employé un salaire fixe, il pourrait ne pas se soucier de la production puisqu'il reçoit ce revenu quoi qu'il arrive. Cependant, dès qu'il sait qu'il existe une prime pour une production élevée, il travaillera plus dur pour l'atteindre. Les entreprises américaines utilisent cette technique pour motiver leurs employés à mieux performer, et croyez-moi, ça fonctionne.

Par-dessus tout, il devrait y avoir un comité national qui travaille directement avec les comités des zones et rapporte tout aux cadres supérieurs ou membres du cabinet appropriés. Toutes les informations et statistiques de tous les secteurs seraient finalement fournies au président pour évaluer la situation du pays.

Aux États-Unis, il existe un comité économique à la Maison Blanche qui travaille directement avec le président ; sa mission est de superviser l'économie et les marchés. Chaque matin, en plus du briefing politique, un briefing économique est présenté au président avec des données concernant la consommation, les importations et exportations des ressources nécessaires pour maintenir l'économie dans la bonne direction. Le comité l'informe également de toute pénurie potentielle de ressources, des pays qui possèdent ces ressources, de la nature des relations que les États-Unis entretiennent avec ces pays, et comment acquérir ces ressources auprès d'eux. Grâce à cette procédure, le président est toujours au courant de presque tout ce qui se passe dans le pays ; une idée brillante qui aide à garder tout en ordre.

Construction

La construction est le moyen le plus efficace de créer des emplois de manière constante. La construction de milliers de bâtiments, de milliers de kilomètres de routes à construire, à paver, à entretenir, et de millions de kilomètres d'autoroutes à poser nécessitera des millions de travailleurs pour être réalisée correctement et dans les délais. C'est effectivement un excellent moyen de fournir des emplois tant que le gouvernement a un plan pour maintenir le rythme de la construction au même niveau que la croissance démographique. Par exemple, la construction d'autoroutes nécessitera des milliers de travailleurs pour des tâches allant du défrichage des terrains à l'installation des éclairages routiers. Il en va de même pour d'autres projets de construction tels que les aéroports, les hôpitaux, les bâtiments administratifs, les prisons, les casernes, les bureaux, les écoles, etc. En entreprenant tous ces travaux, le gouvernement de tout pays devrait être dans une excellente condition.

Malheureusement, dans certains pays en développement, les gouvernements se plaignent que leur peuple est paresseux et veut tout recevoir sur un plateau. Selon Noam Chomsky, les gouvernements ont tendance à faire croire aux citoyens qu'ils sont la cause de leur propre déclin. En même temps, quand on demande aux gens si c'est vrai, ils répondent qu'il n'y a pas d'emplois dans aucun secteur et qu'il n'y a même pas d'usines. C'est donc une accusation mutuelle qui doit être traitée. Quoi qu'il en soit, un gouvernement doit éduquer son peuple sur tout ce qu'il fait pour le pays et ses citoyens. Il doit expliquer le but de la construction, de l'agriculture, de l'éducation et de tout ce qu'il envisage de faire. Comme discuté dans les chapitres précédents, les citoyens doivent être impliqués dans la prise de décision de tout projet majeur qui se déroule dans leur pays. Les citoyens n'aiment pas les projets inutiles parce qu'ils soupçonnent que le but derrière est de détourner des fonds. Le gouvernement a aussi l'obligation de motiver les citoyens à accepter ces emplois en leur offrant de bons salaires. Certains gouvernements font exprès de faire venir des entreprises et travailleurs étrangers, laissant leur propre population sans emploi. L'excuse est que ces travailleurs étrangers travaillent mieux et plus vite, et il n'est pas clair si c'est aussi parce qu'ils sont moins chers. La plupart des projets réalisés par des entreprises étrangères sont extrêmement coûteux. Ainsi, il est dans l'intérêt à la fois du gouvernement et des citoyens de travailler ensemble pour accomplir tout projet. Faire venir des entreprises et des travailleurs étrangers n'est jamais bon pour l'économie. Non seulement ils facturent beaucoup d'argent, mais ils tendent aussi à monopoliser davantage de projets, laissant les locaux sans emploi, et commencent même à intervenir dans la politique de ce pays. Ils achètent des terres, des entreprises en faillite, des actions, des maisons, et finissent par influencer les décisions gouvernementales.

Une fois que le gouvernement éduque ses citoyens sur les bénéfices du travail dans la construction, tels que l'aide à l'économie, la création d'emplois, l'acquisition d'expérience, et le déplacement des entreprises étrangères pour éviter qu'elles n'interviennent dans la politique du pays, cela devrait devenir une fierté nationale d'accomplir tout localement.

Les gouvernements peuvent aussi éviter le recours aux entreprises étrangères en embauchant uniquement des ingénieurs, architectes et spécialistes qui ont réalisé des merveilles dans le monde entier. Le processus consiste à rechercher les projets réussis et à identifier qui les a menés. Le gouvernement peut alors faire des offres attrayantes à ces ingénieurs et architectes, qu'ils refuseront difficilement. Peu importe combien ces professionnels sont payés, cela ne sera jamais comparable au coût d'employer entièrement des entreprises étrangères avec leurs travailleurs. Une fois que ces ingénieurs et architectes arrivent dans le pays, le gouvernement devrait soutenir ces projets avec des ingénieurs locaux, des architectes et des milliers de travailleurs. Tous ces travailleurs locaux doivent prêter une grande attention à tout ce que font ces ingénieurs et architectes étrangers afin d'apprendre de leurs talents, de leur expérience et de leurs méthodes. Cette exposition précieuse donnera aux travailleurs locaux l'opportunité d'apprendre à réaliser un travail exceptionnel, tout comme leurs homologues étrangers.

Les travailleurs locaux doivent comprendre que cet apprentissage est nécessaire pour la survie de leur pays, de leurs concitoyens et des générations futures. Cela devrait faire partie de l'éducation et de l'éveil inculqués dans chaque nation responsable et prospère.

Même si le pays venait à manquer de projets de construction, ce dont je doute, les gouvernements peuvent encore créer des emplois pour stimuler l'économie en démolissant et reconstruisant villes, villages et bâtiments un par un. L'Espagne a suivi un processus similaire durant sa Grande Récession de 2008 à 2014.

Même les prisonniers peuvent participer à l'économie ; des tâches telles que nettoyer les rues, peindre et construire peuvent être confiées aux détenus qui ont seulement quelques mois à purger. Cette méthode, utilisée aux États-Unis, aide les condamnés à acquérir une compétence pour trouver un emploi à leur sortie au lieu de retourner au crime. Les villes offrent une opportunité aux détenus d'apprendre quelque chose et de devenir de bons citoyens.

En employant seulement quelques ingénieurs étrangers et des travailleurs locaux, le gouvernement économisera beaucoup d'argent. Pendant ce temps, les travailleurs locaux acquerront une expérience significative auprès de ces ingénieurs étrangers et pourront utiliser ce savoir pour des projets futurs sans avoir besoin de faire appel à des experts étrangers. Lorsque les entreprises étrangères se sont approchées de la Chine pour l'ouverture commerciale et le développement, la Chine a dit : « Nous fournirons tout, des terres, de la main-d'œuvre bon marché et des incitations fiscales jusqu'au marketing ; cependant, vous ne faites pas seulement des biens pour nous, nous voulons que vous nous appreniez comment les fabriquer. » Essentiellement, la Chine cherchait la technologie derrière les produits, sachant qu'une fois qu'elle aurait appris à fabriquer ces biens, elle pourrait le faire indépendamment. Regardez maintenant la Chine — presque l'économie la plus forte avec la meilleure technologie du monde. De plus, la Chine détient aujourd'hui la plus grande quantité d'argent liquide au monde. On dit que pour chaque dollar circulant aux États-Unis, 0,60 cent appartient aux banques chinoises.

Aujourd'hui, les pays en développement devraient avoir l'avantage grâce à toutes les ressources qu'ils possèdent. Ils pourraient même exiger des pays étrangers toutes les technologies existantes, y compris comment fabriquer une Bugatti ou un Concorde.

Malheureusement, il existe encore des barrières qui maintiennent le statu quo et empêchent les citoyens des pays en développement de progresser.

Production de véhicules

Si un pays décide de lancer la production de véhicules, la vision doit être claire et simple. Par exemple, le pays pourrait viser à produire quatre types de voitures, quatre types de SUV, quatre types de pick-up, quatre types de camions commerciaux, et quatre types d'autobus. Vous vous souvenez que nous avions divisé le pays en zones, n'est-ce pas ? Toutes les chaînes d'assemblage automobile pourraient être réparties entre ces régions ou zones pour créer des milliers d'emplois, répartissant ainsi équitablement l'emploi à travers le pays.

Souvenez-vous aussi que chaque voiture nécessite environ 30 000 pièces pour être prête à la vente. Imaginez combien d'usines pourraient être construites pour fabriquer toutes ces pièces, et pensez au nombre d'emplois qui seraient créés. Imaginez le nombre de pièces nécessaires pour produire des milliers, voire des millions de voitures. Il suffit de prendre les bonnes mesures, et tout sera sur la bonne voie.

J'ai aussi mentionné dans la section sur le zonage que chaque comité doit s'assurer que chaque industrie réussisse. En prospérant dans l'industrie automobile, le pays pourra fournir aux marchés locaux toutes sortes de voitures, SUV, camions, etc. Cela permettra à chaque famille de réaliser son rêve de posséder un véhicule. Plus de voitures signifient plus de routes, plus d'autoroutes, plus de ponts, plus de conducteurs, plus de stations-service, et plus de production de tout ce dont une voiture et une station-service ont besoin.

En produisant davantage de voitures et de pièces détachées localement, le pays réduira sa dépendance envers le Nord. Le pays n'achètera que les articles qui ne peuvent être produits localement. Plus de voitures signifient que le pays pourra concurrencer dans l'industrie automobile mondiale ; de belles voitures avec des caractéristiques attractives et des prix compétitifs permettront au pays de les exporter vers d'autres régions du monde. Plus d'exportations signifient aussi plus d'argent entrant dans le pays. En conséquence, les gens auront des emplois et mèneront une meilleure vie.

Si un pays acquiert ce type de technologie, il sera alors en position de fabriquer des trains, des bateaux, voire des navires et des avions. Le pays aura également besoin d'une infrastructure de transport robuste pour faciliter efficacement le déplacement des marchandises et des personnes. Les volumes importants de produits agricoles et industriels nécessitent un système de transport rapide et efficace afin que ces produits puissent atteindre rapidement les marchés. Certains produits sont périssables, et d'autres nécessitent une livraison en temps voulu en raison d'obligations contractuelles et de besoins.

Agriculture

Bien que j'aie déjà abordé l'agriculture dans un chapitre précédent, je serai ici plus précis. Pour établir une agriculture forte et réussie, le pays doit d'abord être divisé en zones selon le type de production. Chaque zone se spécialisera dans la culture des plantes les mieux adaptées à cette région. Pour ce faire, le gouvernement doit consulter les agriculteurs de ces zones afin de déterminer quelles cultures prospéreront dans leur région.

Les terres fertiles doivent être réservées exclusivement aux activités agricoles. Cela peut être imposé par des lois adoptées par le Ministère de l'Agriculture ou par le Parlement. Les terres fertiles sont les poumons de tout pays. Les propriétaires privés peuvent utiliser leurs terres fertiles pour la production agricole, mais ils ne doivent pas les laisser inutilisées. Si des terres ne sont pas exploitées, le gouvernement a le droit de les reprendre en raison de l'intérêt national. Il ne devrait pas être permis aux propriétaires privés de vendre ces terres à d'autres fins que la production agricole. Aujourd'hui, dans les pays en développement, comme la terre est très précieuse, les propriétaires vendent leurs terres fertiles à des entreprises privées, des sociétés, voire à des particuliers pour divers projets. Pour eux, au lieu de gérer les défis de l'agriculture — comme le labour, l'irrigation et l'entretien des terres pour gagner un peu d'argent — il est plus facile de vendre la terre et de faire des millions rapidement et sans effort.

Si un agriculteur décide de vendre ses terres, le gouvernement devrait être la seule entité autorisée à les acheter, car elles sont vitales pour la survie de la nation.

Actuellement, dans de nombreux pays en développement, le béton grignote une grande partie des terres fertiles.

Deuxièmement, chaque région sera supervisée par un comité pour s'assurer que les agriculteurs disposent des outils et pesticides nécessaires pour produire des cultures suffisantes et adaptées. Laissé à lui-même, un agriculteur pourrait produire ce qu'il veut, et non ce dont les consommateurs ont besoin. Parfois, les agriculteurs choisissent de cultiver des fruits et légumes coûteux car ils cherchent des profits rapides. Certains contrôlent la production, la distribution et le stockage de certains produits pour maintenir les prix élevés, maximisant ainsi leurs profits. Il est impératif de surveiller constamment le secteur agricole parce qu'aujourd'hui, les agriculteurs manipulent les marchés à leur avantage.

À partir de là, je suggère que le gouvernement prenne possession de toutes les terres fertiles du pays. Le gouvernement se soucie plus du bien-être de ses citoyens que le secteur privé. Je sais ce que vous pensez — cette approche pourrait mener à une dictature gouvernementale. Pourtant, nous préférerions vivre sous une dictature économique qui se soucie du bien public plutôt qu'à la merci de sociétés impitoyables focalisées uniquement sur la maximisation de leurs profits avec un minimum d'effort.

Je dois dire que dans les pays en développement, il n'y a aucune coordination entre les agriculteurs et le gouvernement ; ce dernier attend des agriculteurs qu'ils produisent mais ne les rencontre jamais pour discuter de leurs préoccupations, de leurs besoins, ou des meilleures façons d'augmenter la production pour approvisionner le marché en fruits et légumes variés. En d'autres termes, chaque agriculteur produit ce qu'il veut ou peut, d'où une production toujours faible et une offre insuffisante sur le marché.

Deuxièmement, le gouvernement doit s'impliquer dans l'agriculture, de la plantation jusqu'à l'arrivée des produits sur les marchés. Il doit aussi fournir aux agriculteurs des pesticides, des tracteurs, des camions et des réfrigérateurs — tous les outils nécessaires pour faciliter la production. Les agriculteurs sont cruciaux pour le bien-être d'une nation. Nous avons plus besoin d'agriculteurs que de médecins. On peut parfois avoir besoin d'un médecin, mais on a besoin d'un agriculteur chaque jour où l'on va au supermarché. Si le gouvernement s'implique fortement dans d'autres secteurs, pourquoi ne s'engage-t-il pas aussi intensément dans l'agriculture ?

Comme mentionné dans le chapitre sur la chute du socialisme, le gouvernement doit défricher les terres, les diviser en parcelles, fournir tous les outils nécessaires, et distribuer ces terres à ceux qui veulent travailler sérieusement. Il doit aussi nommer quelqu'un à la tête et le tenir responsable tout en lui offrant un très bon salaire pour garantir une bonne performance ; autrement, son échec lui coûtera son poste. C'est un bon moyen de motiver chaque gestionnaire !

Troisièmement, le gouvernement doit construire un réseau de transport robuste pour acheminer toutes les marchandises des fermes aux marchés. En mobilisant tout le monde et en mettant en œuvre ces mesures, le gouvernement crée des milliers d'emplois. L'agriculture doit être soigneusement encadrée, de la ferme au consommateur. En prenant ces mesures, le gouvernement assurera une production abondante de toutes sortes de fruits et légumes ainsi que des prix raisonnables pour les consommateurs. La spéculation n'a pas sa place quand le gouvernement surveille de près ce processus.

Le gouvernement doit également garder un œil sur l'industrie de la pêche. Les prix du poisson dans les pays en développement sont extrêmement élevés, tout comme ceux des viandes rouges et blanches. Certains pêcheurs ne pêchent que peu pour maintenir les prix élevés. Dans ce cas, le gouvernement doit intervenir et changer la situation. Les agriculteurs, pêcheurs et sociétés privés sont devenus impitoyables et ne se soucient pas des consommateurs ni de leur pouvoir d'achat. Lorsque le secteur privé contrôle la production et la vente de tous les produits nécessaires, les consommateurs dirigent souvent leur colère contre le gouvernement, croyant qu'il est responsable des prix élevés et de leur misère. Par conséquent, il est dans l'intérêt du gouvernement de s'impliquer dans la production des cultures, du poisson et même des produits laitiers afin de garantir que les consommateurs puissent se les offrir. Une nourriture chère conduit à plus de faim, et plus de faim signifie plus de colère. Ces personnes se tourneront vers le gouvernement pour obtenir des aides et des bénéfices, ce qui peut coûter des millions au gouvernement. Si le gouvernement a de l'argent, il peut fournir une aide directe ou aider les gens à acheter leurs courses, mais s'il manque de fonds, il risque d'imprimer plus de monnaie, de créer de l'inflation ou d'emprunter à d'autres pays, augmentant sa dette extérieure. Quelle que soit la solution, elle nuit au pays.

Encore une fois, pour la sécurité publique, le gouvernement ne devrait pas permettre au secteur privé de contrôler tous les produits ou marchés. En fin de compte, le secteur privé est éloigné des défis auxquels le gouvernement fait face. Le gouvernement pourrait même être confronté à une révolte due à la faim ou aux prix élevés. Parfois, ces soulèvements peuvent s'aggraver, et beaucoup de vies pourraient être perdues. En revanche, le gouvernement gère le chaos ; les propriétaires privés et les riches regardent depuis les coulisses. Il y a un dicton : « Les révolutions sont planifiées par des personnes instruites, exécutées par les pauvres, et profitent aux riches. » Étonnamment, après chaque révolution, le gouvernement promet des réformes, et devinez quoi ? À chaque fois qu'il y a des réformes, seuls les riches ou le secteur privé en bénéficient.

De plus, selon le sociologue mondialement reconnu Ibn Khaldoun, « la faim peut pousser les gens à la transgression » ; en termes simples, lorsque les gens ont faim, ils feront n'importe quoi pour obtenir de la nourriture. Ils peuvent devenir déprimés ou violents, se tourner vers la drogue ou la prostitution, ou se livrer au vol. Chacun de ces résultats coûtera des millions au gouvernement, donc il vaut mieux anticiper tout cela. Comme le dit le proverbe, « Gouverner, c'est prévoir. »

Quatrièmement, les agriculteurs doivent s'efforcer de produire plus que suffisamment de nourriture pour les consommateurs. Produire un excédent alimentaire devrait être une fierté nationale. Une augmentation de l'offre signifie des prix plus bas, ce qui aide à maintenir la valeur de la monnaie. Une offre alimentaire abondante peut aider le gouvernement à échanger le surplus contre d'autres articles nécessaires avec d'autres pays. De plus, un surplus peut être stocké en cas de catastrophe ou de pénurie.

Cinquièmement, chaque zone doit rivaliser avec les autres pour produire davantage et devenir la leader. Chaque zone et ses responsables devraient être récompensés pour leurs efforts visant à faire de l'agriculture un succès. Lorsqu'une région nourrit tout le pays, les autres régions pourraient ralentir leur travail puisque le poids est porté par une autre.

Typiquement, dans des scénarios comme celui-ci, une région compense les échecs des autres. Ainsi, avoir des zones désignées facilitera l'identification des problèmes et la correction efficace de tout secteur agricole.

Il est fortement recommandé d'utiliser largement des machines pour obtenir une grande production de cultures. Un surplus de cultures est toujours bénéfique pour le troc.

L'utilisation intensive de machines peut aussi servir à défricher des millions d'acres pour produire toutes sortes de fruits et légumes, ainsi que pour créer des pâturages pour le bétail. Les pâturages sont essentiels à la survie d'un pays. Par exemple, l'Éthiopie possède un nombre élevé de bétail, estimé à 60 millions de têtes et environ 70 millions de vaches — un chiffre impressionnant pour un pays en développement.

En ayant des millions de vaches, un nombre important de fermes laitières émergera. L'élevage laitier remonte au VIIe millénaire av. J.-C., à l'époque néolithique. Ces fermes pourront produire non seulement suffisamment de lait, beurre et fromage pour la consommation locale, mais aussi un surplus pour des raisons de sécurité et pour le troc. Plus de produits laitiers dans un pays signifie plus de travailleurs nécessaires, ce qui conduit à des prix plus bas ; des prix plus bas signifient des consommateurs heureux. Aux États-Unis, il existe plus de 60 000 fermes laitières ; cela fait beaucoup de fermes produisant beaucoup de lait, fromage et beurre. En 2022, les États-Unis ont produit 222 milliards de livres de produits laitiers ; c'est une leçon précieuse à tirer de l'expérience américaine sur la gestion de cette industrie. Ce succès n'est pas magique ; il s'agit de reproduire leurs méthodes.

L'aquaculture est essentielle dans les pays où les pêcheurs ne fournissent pas des quantités suffisantes pour répondre à la demande du marché ; adopter cette technique efficace est donc nécessaire. Comme les viandes rouges et blanches sont coûteuses et que beaucoup de consommateurs dans les pays en développement ne peuvent se les offrir, l'élevage de poissons peut être une alternative viable en protéines. C'est un processus simple qui nécessite des décisions sérieuses, du dévouement et des soins particuliers.

Un professeur de la Florida International University a été invité à Haïti pour mener une étude de cas visant à améliorer l'économie locale d'une zone spécifique. Le professeur a observé qu'il n'y avait pas assez de viande rouge et blanche disponible pour tous les habitants, et que les prix étaient prohibitifs. Il a suggéré que les habitants trouvent une source alternative de protéines et laissent le bétail se reproduire pendant un certain temps.

Puisque les moutons et les vaches ne mettent bas qu'une fois par an, il a recommandé de passer aux lapins, qui se reproduisent trois à quatre fois par an et peuvent avoir jusqu'à douze portées à chaque fois. Des études montrent que la viande de lapin est une bonne source de protéines, ne contient aucun glucide et est très faible en cholestérol, ce qui la rend idéale pour les personnes surveillant leur cholestérol et leur taux de graisses. En adoptant cette stratégie, un pays pourrait laisser son bétail se reproduire paisiblement, et les prix baisseraient automatiquement à mesure que l'offre augmenterait.

En mettant en œuvre toutes ces techniques, un pays peut produire suffisamment de nourriture, de viandes rouges et blanches, et de poisson non seulement pour satisfaire sa propre demande, mais aussi pour vendre le surplus à d'autres pays. Il est toujours bénéfique de penser grand et d'avoir des ambitions élevées.

Tourisme

Le tourisme est une source naturelle de revenus pour de nombreux pays. Certains pays ont la chance de posséder de multiples sites naturels exotiques, tandis que d'autres disposent de lieux romantiques qui attirent les visiteurs. Cependant, il est important de reconnaître que ces sites ne sont pas apparus par hasard ; ils ont été développés par des personnes avisées pour diverses raisons. Aujourd'hui, des pays comme la France, l'Espagne, l'Italie et le Royaume-Uni génèrent des milliards de dollars de revenus grâce au tourisme. Atteindre cet objectif n'est ni magique ni particulièrement difficile ; cela nécessite simplement une planification visionnaire.

Avant de discuter des stratégies pour construire cette économie, passons en revue quelques monuments et sites célèbres ainsi que les revenus importants qu'ils génèrent pour leurs pays. Par exemple, la France est le pays le plus visité au monde, attirant plus de 100 millions de touristes du monde entier grâce à sa riche histoire et ses monuments emblématiques. Selon Campus France, en 2022, la France a généré environ 58 milliards d'euros de revenus touristiques. Ce montant impressionnant devrait motiver les citoyens des pays en développement à s'engager dans la construction d'une économie similaire.

Selon Barron, l'Espagne est la deuxième destination touristique la plus populaire au monde après la France. En 2022, l'Espagne a attiré plus de 70 millions de touristes, principalement d'Allemagne, du Royaume-Uni et de France, accumulant un record de 159 milliards de dollars de revenus. L'Italie a enregistré 190 milliards de dollars, et le Royaume-Uni a dépassé 26 milliards de dollars.

Même la Turquie, selon Trading Economics, a généré environ 13 milliards de dollars grâce au tourisme en 2023. Même en prenant le plus petit chiffre de revenus touristiques de la Turquie comme exemple, cela pourrait potentiellement financer une révolution industrielle dans n'importe quel pays en développement.

Gagner de l'argent grâce au tourisme est relativement simple. Il ne nécessite pas de génies ni d'équipements lourds et de technologies coûteuses ; il suffit de créer quelques monuments qui deviennent le sujet de conversation de la ville. Il est dans l'intérêt des pays en développement de se concentrer sur la construction d'une partie de leur économie basée sur le tourisme. En fait, pour certains pays aux ressources limitées, le tourisme peut être la seule solution viable pour développer leur économie. L'investissement initial requis n'est pas substantiel, mais les retours peuvent être importants et continus.

Comment construire une infrastructure touristique

Pour commencer, un pays doit établir une tolérance zéro envers les déchets. L'environnement doit être impeccablement propre. Les gouvernements doivent éduquer leurs citoyens sur les bénéfices des rues propres et sur la nécessité d'accueillir le tourisme comme signe de développement et source de revenus. Par exemple, le Japon est considéré comme l'un des pays les plus propres au monde, et les pays en développement pourraient s'inspirer de ses pratiques.

Les villes japonaises ne sont pas seulement propres parce que les citoyens s'engagent à maintenir un environnement propre, mais aussi parce que le shintoïsme enseigne que la propreté est essentielle à la pureté religieuse.

Deuxièmement, le pays doit mobiliser des personnes créatives, architectes et artistes pour collaborer à la conception de monuments passionnants. Chaque ville devrait être encouragée à contribuer avec au moins une douzaine de monuments uniques et attrayants. Les villes pourraient aussi organiser des concours pour déterminer qui peut créer le monument le plus beau, facile et économique à construire.

Les sculpteurs pourraient jouer un rôle important en érigeant des statues et des monuments, et même en créant un autre Mont Rushmore avec une vision et une personnalité différentes. Chaque ville devrait avoir au moins un musée où elle peut exposer chaque œuvre d'art précieuse pour faire de ce musée une icône. Les écoles et universités devraient également organiser des concours pour récompenser les meilleures œuvres d'art méritant d'être exposées dans les musées. Il est utile de mentionner que le Musée du Louvre à Paris, en France, génère plus de 100 millions d'euros par an, et que la Joconde à elle seule est estimée à 1 milliard de dollars — assez pour construire environ 100 usines.

Des dizaines de jardins avec fontaines, lacs, et des milliers de fleurs et roses magnifiques sont essentiels si nous voulons élever le tourisme. C'est possible et réalisable ; il suffit d'avoir la volonté d'être les meilleurs.

Avoir des rivages est un atout formidable pour un pays en développement. C'est une bénédiction et un outil puissant pour attirer des touristes du monde entier. Il suffit d'un excellent plan et de personnes compétentes pour le réaliser. Chaque ville côtière devrait travailler à la création d'une douzaine de complexes hôteliers, hôtels et plages exotiques. Ce n'est pas magique ; un pays peut reproduire certains des meilleurs complexes, hôtels et plages du monde. Il suffit d'ajouter une touche unique et différente à chaque lieu.

Pour rendre ces complexes attractifs et populaires, le gouvernement doit investir dans le marketing et former les personnes à la promotion du tourisme. Le pays doit supporter un léger effort économique au début pour attirer les touristes et leur faire découvrir cette nouvelle expérience. En d'autres termes, les prix ne devraient pas rivaliser avec ceux de l'Europe, par exemple. Il est crucial de reconnaître que lorsque les touristes réalisent que visiter ces complexes coûte moins cher que d'autres destinations, ils choisiront sans aucun doute l'option la plus économique.

Le gouvernement a aussi le devoir de fournir une flotte aérienne avec un excellent service et des billets abordables pour faire venir les touristes. Les aéroports doivent également être impeccables. Les employés ont la responsabilité d'offrir un service parfait aux touristes et de leur faire sentir qu'ils sont spéciaux pour qu'ils apprécient cette nouvelle expérience et n'hésitent pas à revenir avec amis et collègues. En assurant la sécurité, un bon hébergement, un excellent service, une nourriture délicieuse, et un environnement propre, le nombre de touristes augmentera chaque année.

Avoir beaucoup de touristes devrait être une bonne nouvelle pour les dirigeants et le pays car plusieurs résultats bénéfiques en découleront. Premièrement, le pays établira une nouvelle infrastructure économique qui durera longtemps et servira les générations futures. Deuxièmement, les touristes apporteront plus de devises dans le pays, tout comme en France, en Espagne et en Italie. Les complexes, les nouveaux équipements, les musées et les commerces locaux vendront massivement leurs produits, services et souvenirs aux touristes. De plus, les touristes aisés pourraient aussi s'intéresser à investir dans le pays. Troisièmement, un élément important de l'économie de tout pays est que les multiples complexes et équipements auront besoin d'embaucher des milliers d'employés pour rendre cette expérience magique fluide et possible. Quatrièmement, plus de nourriture et de fournitures seront vendues aux complexes. N'oubliez pas, chaque petite chose ajoutée pour réussir dans le tourisme crée aussi des emplois en cours de route.

Recyclage

Beaucoup de pays en développement ne recyclent pas leurs déchets pour diverses raisons. En fait, 70 % des déchets pourraient être recyclés et réutilisés. Le recyclage est l'un des ingrédients clés pour lancer une nouvelle révolution économique, pour ainsi dire. En plus de corriger les éléments les plus importants tels que l'éducation, l'industrie et l'agriculture, le recyclage pourrait être l'un de ces éléments pivots pour plusieurs raisons. Le recyclage permet d'économiser de l'argent, des ressources et du temps, et surtout, il sensibilise à l'avenir des humains et de notre planète Terre.

Aujourd'hui, l'Allemagne est un leader en matière de recyclage et de gestion des déchets. Le succès de ce grand bond en avant est dû à deux facteurs : une forte sensibilisation du public aux avantages du recyclage et des politiques gouvernementales rigoureuses. L'Allemagne a adopté un système de recyclage efficace qui lui permet de recycler 60 % de ses déchets quotidiens, ce qui en fait le numéro un mondial. Une nouvelle culture a émergé en Allemagne concernant la sauvegarde de la planète par le recyclage.

L'Allemagne a mis en place un système pour encourager la participation au recyclage. Une personne doit verser une consigne pour une canette ou une bouteille, généralement d'environ 25 cents. Une fois les canettes et bouteilles retournées dans des machines spéciales dans les supermarchés, la personne récupère sa consigne. Ce système est à la fois rigoureux et ingénieux, mais il en vaut la peine pour protéger notre planète Terre.

Le recyclage permet à un pays de réduire l'épuisement de ses ressources, d'importer moins de biens d'autres pays — ce qui fait économiser beaucoup d'argent — et crée une culture de responsabilité envers le pays et la Terre mère. Le plastique, le papier, les canettes et le verre peuvent être recyclés encore et encore, et à chaque réutilisation, le pays économise des fonds importants. Cette culture du recyclage sensibilise le public à l'environnement et encourage tous les citoyens à être responsables envers leur pays et la planète.

Les pays développés utilisent la chaleur issue de la combustion des déchets, tels que le papier, le plastique, les produits en bois, les déchets de jardin et même le fumier de bétail, pour produire de la vapeur dans une chaudière qui alimente des turbines génératrices d'électricité et chauffe les bâtiments. En 2021, les États-Unis ont utilisé 64 centrales pour produire 13,6 milliards de kilowatts d'électricité. On dit que 1 200 tonnes de déchets peuvent alimenter en électricité 4 000 foyers aux États-Unis.

Le recyclage des eaux usées est un autre processus simple qui peut aider n'importe quel pays à rester propre, produire plus de cultures, importer moins de fruits et légumes, et finalement économiser beaucoup d'argent. Avec la raréfaction croissante de l'eau, certains scientifiques prévoient des guerres entre nations pour les ressources en eau.

Par conséquent, les nations se tournent rapidement vers la purification de leurs eaux usées ou vers la désalinisation pour fournir davantage d'eau potable ainsi que pour irriguer les cultures et les jardins. En Israël, par exemple, ce qui était autrefois une pénurie d'eau inquiétante est devenu un surplus. Aujourd'hui, Israël utilise une combinaison de recyclage, conservation et désalinisation pour répondre à ses besoins en eau. Selon les statistiques, Israël dispose désormais de plus d'eau qu'il n'en a besoin.

L'Arabie Saoudite est un autre exemple de pays qui désalinise l'eau de la mer Rouge et du golfe Arabique. Le pays exploite aujourd'hui plus de 27 usines de désalinisation, fournissant la moitié de son eau potable, et est considéré comme le plus grand producteur mondial d'eau désalinisée.

Les pays en développement qui ont la chance de border des mers ou des océans peuvent faire de même. C'est un processus simple ; il nécessite juste un investissement et la volonté de le mettre en œuvre, ce qui en vaut certainement la peine. Une quantité suffisante d'eau signifie que le pays peut planter beaucoup de cultures, disposer d'eau pour sa survie et garder toutes les rues propres.

Technologie et emploi

La technologie a joué un rôle significatif dans l'amélioration des sociétés, la stimulation des économies et la création de millions d'emplois. Au début du XXe siècle, de nouvelles inventions telles que les voitures, les téléphones, les avions, les machines à laver, les ascenseurs et les réfrigérateurs ont créé des milliers, voire des millions d'emplois dans le monde entier. Cela a conduit à un changement majeur dans le mode de vie de millions de personnes. Les sociétés sont passées d'un mode de vie principalement agricole à un mode plus administratif et technologique, poussant ainsi l'économie dans une nouvelle direction améliorée. La fabrication de voitures, de téléphones et d'avions a seule employé des millions de travailleurs.

Les citoyens ont commencé à utiliser des produits technologiques à la maison, au travail et dans diverses installations. Le niveau de vie s'est amélioré, et les gens ont commencé à poursuivre différentes aspirations.

Les gouvernements devraient encourager les consommateurs à acheter davantage de produits technologiques ; plus ils achètent de produits, plus d'emplois sont créés. Les travailleurs peuvent se spécialiser dans différents secteurs, tels que la fabrication, la réparation et l'entretien de ces biens technologiques. En fin de compte, des milliers d'emplois seront créés, stimulant ainsi l'économie du pays et réduisant le nombre de chômeurs.

Par conséquent, les pays en développement devraient investir dans la technologie pour créer des emplois et propulser leur économie. Pour y parvenir, les gouvernements doivent prendre des mesures sérieuses et en faire une priorité. En prenant des décisions économiques solides, un pays sera capable d'inventer et de produire des biens tant pour la consommation locale que pour l'exportation. L'objectif ne devrait pas seulement être de satisfaire les marchés locaux, mais aussi de pénétrer les marchés étrangers, ce qui entraînera une demande accrue, plus d'investisseurs et générera plus de revenus pour le pays.

L'invention des voitures a rassemblé le plus grand nombre de travailleurs dans des industries comme le secteur automobile américain. Aujourd'hui, plus de 1,7 million d'Américains sont employés par l'industrie automobile. Apple est un autre grand employeur, avec plus de 2 millions d'employés dans le monde. Dans le domaine du transport aérien, Lufthansa emploie plus de 100 000 personnes et possède des actifs de 46 milliards de dollars. Ce ne sont que trois exemples parmi des centaines d'inventions du siècle dernier qui ont créé des emplois pour des millions de personnes.

Ainsi, aux côtés de la construction, la technologie est la deuxième façon la plus efficace de créer des emplois dans n'importe quel pays à tout moment.

Éducation et exigences

L'éducation et les exigences professionnelles sont cruciales dans le développement d'un pays. Malheureusement, la plupart des pays en développement ne placent pas les bonnes personnes aux bons postes, ce qui conduit à des plaintes généralisées concernant la qualité des biens et services fournis par ces individus non qualifiés. Beaucoup de postes clés dans ces pays sont occupés par des décrocheurs scolaires.

Par exemple, les personnes non qualifiées sont préjudiciables au développement d'un pays. Un décrocheur ne devrait pas être responsable de secteurs critiques comme l'économie, la santé, ou même diriger une garderie. Dans certains pays en développement, les exigences pour certains emplois, comme enseignant ou infirmier, sont strictes. Pour devenir enseignant, par exemple, il faut être diplômé du lycée, compléter 4 années d'études supérieures, et réussir un examen national ou local pour être qualifié. Malheureusement, la plupart des États embauchent seulement un petit nombre d'enseignants.

En revanche, pour devenir maire ou représentant au parlement, aucun niveau d'éducation ni examen ne sont requis — une équation qui n'a pas de sens. Certains de ces responsables n'ont jamais été à l'école. Ces maires non qualifiés ne peuvent pas soutenir efficacement leurs villes ou citoyens, et de même, des représentants sans éducation ne peuvent pas représenter adéquatement leurs électeurs ni débattre sérieusement de leur bien-être.

Ironiquement, les citoyens des pays en développement soulignent l'inefficacité de ces personnes non qualifiées. Pourtant, rien n'a jamais été fait pour changer les règles ou les exigences afin de placer les bonnes personnes aux bons postes pour sortir le pays de sa misère. C'est une pratique persistante d'assigner des personnes non qualifiées à des postes sensibles, malgré le fait que ces pays souffrent dans tous les secteurs depuis de nombreuses années.

À ce stade, les gouvernements doivent changer les règles s'ils souhaitent améliorer le bien-être de leur pays et la vie de leurs citoyens. Ils sont également invités à motiver les personnes éduquées et celles possédant les connaissances et l'expérience pertinentes à intervenir, occuper ces postes et faire ce qui est nécessaire pour faire progresser les intérêts du peuple.

Écoles

Les écoles devraient offrir plus d'opportunités aux enfants pour explorer, penser autrement et participer à la construction de leur pays. Il y a un dicton : « Parfois, on trouve des trésors dans la rivière qu'on ne trouve pas dans les océans. » Parfois, les élèves ont de meilleures idées que leurs enseignants, et parfois les citoyens ont de meilleures idées que leurs présidents et ministres. Par exemple, les élèves devraient avoir la liberté d'écrire des poèmes, articles, pièces de théâtre, livres et histoires, et mener des recherches sur certains sujets. Ils devraient aussi pouvoir peindre, concevoir et créer des sculptures pour décorer leurs écoles, villes et pays. Libérer l'intelligence des élèves peut aider à exploiter le meilleur d'eux-mêmes et élever la pensée sociale à une dimension supérieure.

Le ministre de l'Éducation devrait envisager d'implémenter un système scolaire à double rotation. Le premier groupe d'élèves assisterait aux cours du matin jusqu'à midi, et le second de midi jusqu'en fin d'après-midi. On pourrait avoir les filles le matin et les garçons l'après-midi. Chaque groupe utiliserait les mêmes bâtiments, équipements et installations. Quatre ou cinq heures d'enseignement efficace sont suffisantes et gérables. Certains pourraient craindre que les enfants soient dans la rue le reste de la journée, mais ce temps restant devrait être consacré aux devoirs, à la recherche et aux activités sportives, qui font partie du programme. Cela pourrait se faire à la maison ou dans des bibliothèques où du personnel, assigné par les districts scolaires, fournirait une aide gratuite — une technique utilisée par les collèges et universités américaines. Les élèves devraient pouvoir utiliser tous les stades et arènes pour remplir leur programme scolaire. Les villes dépensent des millions de dollars pour des stades et arènes où l'on regarde une équipe locale jouer une fois par semaine ; le reste de la semaine, ces infrastructures restent inutilisées. Nous pourrions les rendre utiles pour les élèves aussi. Ainsi, non seulement nous aurions des enfants intelligents, mais aussi en bonne santé.

La Finlande, qui possède le meilleur système éducatif au monde, n'offre que 20 heures d'enseignement par semaine, soit 4 heures par jour. En 2023, le taux d'alphabétisation national finlandais était de 100 %, contre 79 % aux États-Unis. Malgré que le gouvernement américain dépense des milliards de dollars dans l'éducation, plus de 43 millions d'adultes américains ne savent ni lire ni écrire au-delà du niveau de troisième année (selon les statistiques d'alphabétisation). La Finlande compte le plus grand nombre de génies par habitant, selon les données de MENSA. Suivent la Suède et le Royaume-Uni, qui se classent également très haut en nombre d'individus surdoués.

Les écoles sont devenues surchargées dans de nombreux pays, surtout dans les pays en développement, avec 40 à 50 élèves par classe. Certains élèves ne peuvent même pas utiliser un bureau car il n'y en a pas assez. Le manque de financement a découragé les gouvernements de construire plus d'écoles ou même d'entretenir celles existantes. Beaucoup d'écoles manquent d'équipements de base comme le chauffage, la climatisation, les bus scolaires et les cafétérias, et certaines manquent même d'eau.

La mise en place d'un système à double rotation pourrait être une solution brillante. Dans ce système, le nombre d'élèves par classe diminuerait, permettant aux enseignants de se concentrer plus efficacement sur l'enseignement. Les cours devraient être captivants, concis et aller droit au but, favorisant plus la réflexion et le brainstorming que l'écriture excessive.

Avoir moins d'élèves par classe signifie que les résultats seront impressionnants. Lorsque la deuxième rotation commence l'après-midi, elle aurait des enseignants, directeurs et administrateurs totalement différents. Ainsi, le gouvernement peut créer des milliers d'emplois.

Pour élever les sociétés, les enseignants devraient être tenus en très haute estime, tout comme les médecins aux États-Unis. C'est ainsi qu'ils sont perçus au Japon et en Finlande, où les enseignants ont sans aucun doute un impact majeur sur la vie et l'avenir d'un enfant. Au Japon, les enseignants sont traités avec plus de respect qu'aux États-Unis. Les enfants n'appellent pas leurs enseignants par leur nom de famille mais les nomment « sensei », un titre honorifique signifiant maître, qui est aussi utilisé pour les médecins, auteurs et membres du parlement. Chaque matin, avant d'entrer en classe, les enfants japonais font une révérence à leurs enseignants — un petit geste qui signifie un grand respect.

Les uniformes peuvent fournir une structure aux enfants. Porter un uniforme présente plusieurs avantages : cela réduit les distractions, améliore l'éthique d'étude, la discipline, et économise un temps précieux en classe. Les règles sur les uniformes sont plus faciles à appliquer qu'un code vestimentaire standard, favorisent l'égalité, suppriment la pression des pairs et réduisent le harcèlement. Ils dissuadent l'affichage des couleurs et symboles de gangs et simplifient les matins pour les élèves et leurs parents. Le port de l'uniforme renforce l'idée que l'école est une affaire sérieuse.

Les professeurs titulaires d'un doctorat devraient pouvoir enseigner à différents niveaux d'éducation, pas seulement dans les collèges et universités. Ces professeurs peuvent améliorer significativement la qualité de l'éducation. J'ai travaillé avec une professeure de la Florida Atlantic University, aux États-Unis, qui enseignait aussi dans une école primaire. Elle aimait travailler avec les jeunes enfants et croyait que c'était à cet âge qu'ils pouvaient le plus apprendre.

La discipline, associée à des standards éducatifs élevés, peut conduire à la formation d'une main-d'œuvre solide et contribuer à un processus de modernisation robuste. Acquérir et maîtriser les hautes technologies fera progresser le pays et ses citoyens.

De plus, l'enseignement d'autres langues internationales est essentiel, notamment l'anglais, qui est devenu la langue de la communication internationale. C'est la langue des sciences, de la technologie, du commerce, de la diplomatie, de l'informatique, de l'aviation et du tourisme. La maîtrise de l'anglais peut ouvrir les portes à des recherches, découvertes, références, livres et laboratoires illimités.

La concurrence entre universités

La concurrence entre universités peut propulser un pays vers de nouvelles inventions, de nouvelles orientations et modes de vie. Une telle compétition peut motiver les étudiants à exceller. Ils s'efforceront d'atteindre leur meilleur, libérant ainsi leur plus grand potentiel. Une attention particulière devrait également être portée aux étudiants surdoués, en les encourageant à approfondir les mathématiques, la physique, la chimie, les inventions et la technologie.

Si chaque école et université produit un inventeur par an, un pays pourrait compter au moins 1 000 inventeurs chaque année. Imaginez l'impact de 1 000 nouveaux inventeurs par an — le pays serait en pleine expansion avec de nouveaux biens technologiques, machines, robots, gadgets, outils et services.

Les villes devraient activement rechercher les enfants brillants dans les écoles et leur fournir les outils et financements nécessaires pour exceller et inventer. Je suggère qu'à la fin de chaque année, les villes organisent des concours pour découvrir qui a développé les meilleures inventions. Ces inventions doivent être prises au sérieux et mises en œuvre. On ne sait jamais — un autre Steve Jobs pourrait vivre dans votre ville sans que vous le sachiez.

Un autre Bill Gates pourrait être assis à côté de vous, inconnu. Un autre Thomas Edison pourrait être votre voisin sans que vous en ayez conscience. De grandes inventions peuvent élever un pays à un niveau supérieur.

Les gouvernements des pays en développement devraient prendre des mesures décisives pour concrétiser ces inventions en construisant des usines, des chaînes de montage et des ateliers, en embauchant du personnel et en faisant tout leur possible pour transformer ces inventions en réalité. Les nouvelles inventions peuvent ouvrir de nouvelles voies pour améliorer la vie des citoyens et stimuler l'économie de ce pays en particulier.

Chaque État ou ville devrait créer des clubs technologiques pour découvrir davantage d'individus géniaux et révéler leurs talents. Les inventions de ces personnes devraient être prises très au sérieux ; leurs travaux explorés, produits et commercialisés à l'échelle mondiale.

Ces nouveaux pionniers pourraient sauver toute une nation s'ils ont l'opportunité de révéler leur créativité et leur ingéniosité.

La concurrence entre les villes

La concurrence entre les villes peut élever le tourisme à un niveau supérieur, générant ainsi des revenus importants pour le pays. Des pays comme la France, le Royaume-Uni et l'Espagne, qui dépendent fortement du tourisme, veillent à ce que le paysage de chaque ville soit bien entretenu. Les gouvernements se concentrent sur le maintien de la propreté, de la sécurité et des équipements dans les villes.

Les pays en développement devraient s'efforcer de rendre leurs villes et quartiers propres, sûrs et attrayants pour le tourisme. Les gouvernements peuvent encourager les villes locales à participer à des concours visant à déterminer quelle ville est la plus propre, la plus sûre et la plus captivante. Ils devraient récompenser les gouverneurs et maires pour l'excellence ou les rendre responsables en cas d'échec.

Des villes propres et sûres ne sont pas seulement attrayantes pour les touristes, mais aussi pour les citoyens locaux. Lorsque les habitants voient que leurs villes sont bien entretenues, ils apprécient les efforts de leurs dirigeants pour améliorer leur qualité de vie. Un environnement propre et sûr indique également que les dirigeants se soucient de leurs administrés.

En fin de compte, de telles villes méritent que leurs gouverneurs et maires soient réélus pour leur gouvernance exemplaire.

Les citoyens jouent aussi un rôle crucial dans l'amélioration de leurs villes. Ils doivent collaborer avec leurs dirigeants pour améliorer leur environnement de vie. Les résidents ne devraient pas se reposer uniquement sur la ville pour l'entretien ; dans les pays développés, par exemple, les employés municipaux gèrent les grandes zones publiques, mais les propriétaires et locataires sont responsables des petites rues et de leurs propriétés.

Pour promouvoir l'implication, les gouvernements devraient éduquer et motiver les citoyens aux bénéfices de maintenir des villes propres et sûres. De plus, ils peuvent encourager les habitants à rivaliser pour faire de leur ville la meilleure du pays. Pour y parvenir, les gouvernements devraient embaucher du personnel supplémentaire de nettoyage, des peintres, des jardiniers, des ouvriers de construction et d'entretien, et même des artistes pour créer des fresques, sculptures et fontaines.

Chaque ville devrait imaginer des idées uniques pour se démarquer. Des icônes comme la Statue de la Liberté, le Taj Mahal, la Tour Eiffel et l'Arc de Triomphe pourraient inspirer des monuments locaux uniques. Lorsque les villes sont exemplaires, les habitants sont fiers de leur mode de vie, vantent leurs villes et cultivent un fort sentiment d'appartenance et de fierté nationale.

Service client et son impact sur les ventes

Pour qu'un pays améliore le niveau et la qualité du service, il devrait mettre en place un système de notation dans presque tous les secteurs. La notation enseigne aux gens comment être de bons citoyens, des professionnels et des individus responsables. Elle agit comme une forme d'éducation sociale. Par exemple, aux États-Unis, la notation est répandue dans presque tous les types d'entreprises et d'administrations afin de garantir que chaque secteur répond aux attentes des citoyens.

Dans les bureaux de poste américains, une fois qu'un client termine une transaction, le guichetier imprime un reçu comprenant un numéro de téléphone ou un lien vers un sondage en ligne sur le service fourni. Cette méthode aide à améliorer le service client.

Un autre exemple est l'industrie automobile. Deux ou trois jours après l'achat d'un véhicule, un représentant du concessionnaire appelle le client pour lui poser plusieurs questions sur son expérience et sa satisfaction concernant la voiture et le service. Ce retour d'information est crucial pour améliorer le service et les stratégies de vente.

Au Japon, le service client est poussé encore plus loin, presque toutes les entreprises accueillant les clients à la porte. Cette pratique illustre un comportement commercial exceptionnel.

De plus, les reçus dans les restaurants et chaînes de restauration rapide incluent souvent une invitation à répondre à un sondage, permettant aux clients de commenter la qualité de la nourriture, du service et même la propreté des installations. Cette méthode s'est étendue aux hôpitaux, magasins de vêtements, centres commerciaux et toilettes publiques, utilisant parfois des dispositifs de sondage instantanés pour maintenir des standards élevés.

Les entreprises réalisent également des sondages internes pour répondre aux préoccupations des employés, posant des questions directes sur le traitement au travail et la gestion. Cette approche favorise un environnement de travail fondé sur l'égalité et le respect des droits humains fondamentaux.

Les collèges et universités américains utilisent aussi des techniques de feedback pour améliorer leurs méthodes d'enseignement et sélectionner les meilleurs professeurs. Vers la fin de l'année scolaire, les administrations distribuent des questionnaires écrits aux étudiants, leur demandant leur avis sur les cours et les enseignants. Cela permet aux étudiants d'exprimer leurs opinions sur la performance des professeurs et le contenu des cours. Les données recueillies aident l'administration à prendre des décisions éclairées sur les cours et les nominations du corps professoral. Les collèges visent à conserver des professeurs de haute qualité pour préserver leur intégrité, leur prestige et leurs standards éducatifs. Cette méthode motive aussi les professeurs à exceller dans leur rôle, sous peine de sanctions.

Il est dans le meilleur intérêt de tout gouvernement d'éduquer efficacement ses citoyens. Les gouvernements devraient utiliser des publicités, de la communication, des panneaux d'affichage et même de la propagande pour favoriser une meilleure citoyenneté. Éduquer les gens est souvent plus facile, moins coûteux et plus rapide que de traiter les problèmes une fois qu'ils apparaissent, où le gouvernement doit dépenser ressources et efforts pour les rectifier. En éduquant les citoyens de manière proactive, ils deviennent plus investis dans leur pays et travaillent à le rendre plus propre, plus fort et plus avancé.

Dépenses et distribution d'argent gratuit

Encourager la dépense est bénéfique pour l'économie. Les gouvernements devraient motiver les citoyens à dépenser de l'argent pour soutenir la santé économique. Une économie bien gérée est cruciale pour la survie nationale, le gouvernement jouant un rôle clé.

Expansion industrielle et agricole : Construire suffisamment d'usines, d'ateliers, de fermes et de bureaux pour employer la classe ouvrière.

Projets de construction : Lancer de nouveaux projets de construction ou rénover les structures existantes pour créer des emplois et maintenir les infrastructures.

Augmentation de la production : Se concentrer sur une production intensive pour générer de l'emploi, fournir des biens abordables et garantir aux consommateurs l'accès à des produits à bas prix.

Promotion de la concurrence : Encourager la concurrence entre entreprises pour produire des produits de qualité à coûts maîtrisés. Des produits attractifs et à prix raisonnables inciteront les consommateurs à acheter davantage.

Marketing et promotion : Permettre aux entreprises de faire la publicité de leurs produits via les médias publics et privés — radio, télévision, journaux, magazines — afin d'attirer les consommateurs et stimuler les achats.

Campagnes éducatives : Informer le public des avantages de la dépense et des objectifs économiques derrière l'activité des consommateurs.

Participation des consommateurs : Impliquer les consommateurs dans le processus économique. Ils jouent un rôle critique dans la santé de l'économie et devraient assumer une responsabilité active dans sa croissance. Comme l'a si bien dit John F. Kennedy : « Ne demandez pas ce que votre pays peut faire pour vous — demandez ce que vous pouvez faire pour votre pays. » Une dépense robuste des consommateurs entraîne une production et une offre élevées, rendant les biens et services plus abordables et disponibles, ce qui soutient l'emploi et la stabilité économique.

L'implication active des consommateurs dans les dépenses aide à protéger les emplois et favorise un cycle économique solide.

Il est vital pour les pays en développement riches en ressources de partager cette richesse avec leurs citoyens. Les revenus issus de ces ressources devraient être distribués aux citoyens sous forme d'espèces ou de chèques, envoyés par courrier ou déposés directement. Cette étape est cruciale pour le bien-être économique de la nation. Ces chèques doivent être dépensés dans un délai imparti. Des pays comme la Norvège, l'Arabie Saoudite et le Koweït partagent déjà les revenus issus des ressources nationales avec leurs citoyens sous différentes formes.

Comme mentionné précédemment, pour maintenir un cycle économique stable et correctement orienté, les citoyens ont besoin d'argent supplémentaire à dépenser pour les besoins et les envies. Lorsque les citoyens disposent d'un revenu disponible, ils ont tendance à acheter plus de biens et de services, ce qui nécessite une augmentation de la production des entreprises pour répondre à cette demande. Plus les consommateurs achètent, plus les usines doivent produire, et plus d'emplois sont maintenus.

Supposons qu'un gouvernement envoie des chèques à 10 millions de familles à travers le pays. Chaque famille aura probablement besoin d'acheter quelque chose — beaucoup achèteront de nouvelles voitures, rénoveront leur maison, achèteront de nouveaux meubles, téléviseurs, réfrigérateurs, ordinateurs, téléphones portables, vêtements, partiront en vacances ou simplement achèteront de la nourriture. L'intention est que cet argent soit dépensé rapidement, et non économisé, car thésauriser de l'argent en banque ou en coffre ne stimule pas l'économie. Par conséquent, cet argent doit être dépensé dans un certain délai, jusqu'à l'émission du prochain chèque.

Quand les consommateurs effectuent ces achats, ils poussent les usines, ateliers et fermes à augmenter la production de ces articles.

Il est dans l'intérêt du pays d'avoir des usines, ateliers et commerces locaux ou nationaux produisant divers articles tels que biens, outils, machines, gadgets et voitures. Sinon, cela mènera à une activité économique nulle. Acheter des biens et services importés anéantira l'économie de ce pays car les consommateurs locaux encourageront les entreprises, usines et ateliers étrangers à produire davantage au détriment des entreprises locales et nationales.

Les Immigrants

Les immigrants peuvent contribuer de manière significative à l'économie de leur pays d'origine. Ils peuvent participer efficacement à l'amélioration de l'économie en investissant dans divers secteurs. Si un pays manque de ressources ou de fonds pour construire des usines et des chaînes de montage, le gouvernement devrait faciliter l'accès des immigrants au marché et leur permettre d'accéder facilement aux ressources nécessaires pour fournir des biens et services à ceux qui restent dans le pays. Les immigrants peuvent investir dans le logement, établir des usines ou approvisionner les marchés en outils et machines essentiels, s'impliquant dans tous les secteurs possibles pour alléger le fardeau du gouvernement.

Par exemple, les immigrants peuvent avoir un impact considérable sur le secteur automobile en envoyant des voitures vers leur pays d'origine, où les voitures sont souvent beaucoup moins chères. Les voitures sont un outil essentiel pour créer des millions d'emplois. Plus il y a de voitures dans les rues, plus le gouvernement doit construire de routes et d'autoroutes, couvrant des milliers de kilomètres. Cette construction nécessitera des milliers de travailleurs, créant ainsi de nombreux emplois.

La deuxième étape implique le besoin de stations-service en raison de l'augmentation du nombre de voitures. Les stations-service nécessiteront du personnel pour les gérer ainsi que des chauffeurs routiers pour livrer non seulement du carburant mais aussi divers produits, surtout si les stations disposent de supérettes. Ces magasins pourraient vendre des produits laitiers, des articles de toilette, des médicaments en vente libre, des bonbons, des snacks, des fournitures automobiles, de la nourriture chaude, des batteries et de l'eau, entre autres.

La troisième étape nécessite la construction de ces stations-service, équipées d'ordinateurs, de réfrigérateurs, de machines à café, de distributeurs de sodas et proposant souvent pizzas et sandwiches. Imaginez combien de personnes sont impliquées dans l'exploitation d'une seule station-service. Pour satisfaire les besoins des conducteurs américains, il existe plus de 145 000 stations-service, soit en moyenne près de 3 000 par État — un nombre conséquent qui emploie près d'un million de personnes, sans compter les ouvriers des usines produisant les articles pour ces stations.

La quatrième étape, si la station-service fait aussi office de supérette, encouragerait les usines à produire davantage. Selon le Département du commerce de l'Illinois, une petite supérette devrait stocker en moyenne 300 articles. En vendant tous ces articles, des centaines d'usines participeront à faire fonctionner efficacement cette station-service. Ces centaines d'usines auront évidemment besoin de milliers d'employés.

Cinquièmement, si un pays compte des millions de voitures, imaginez combien de concessionnaires, mécaniciens et stations de lavage sont nécessaires pour vendre, réparer et entretenir ces véhicules — des milliers, n'est-ce pas ? De plus, chaque magasin pourrait se spécialiser dans certains aspects, par exemple certains dans la soudure, d'autres dans les réparations mécaniques, d'autres encore dans les services d'huile, le changement de pneus, la peinture, ou la réparation de batteries et freins.

Sixièmement, si un gouvernement autorise la circulation de millions de voitures, les propriétaires doivent acheter des immatriculations, passer des inspections et souscrire des assurances auprès du gouvernement. Celui-ci générerait des millions de dollars utilisables à diverses fins. De plus, pour gérer ces procédures — immatriculation, inspection, assurance — des milliers d'employés supplémentaires seraient nécessaires.

Les permis de conduire constituent une autre source de revenus et créent plus d'emplois pour les jeunes. Je serai un peu cynique en disant : « Plus de voitures signifie plus d'accidents, ce qui est bon pour l'économie. » Certains économistes pensent que les catastrophes, inondations, ouragans, tremblements de terre, accidents et même la mort sont bénéfiques pour l'économie. Si des millions de voitures circulent dans un pays, le risque d'accidents augmente. Les accidents impliquent plus de secours d'urgence, plus de réparations, plus de ventes de voitures et pièces détachées, plus de consultations médicales, plus d'achats de médicaments, plus de frais d'assurance, etc. Tout le monde sera occupé, et tout cela nécessite davantage d'embauches.

Huitièmement, plus de voitures signifie plus d'amendes pour excès de vitesse, ce qui génère des millions de dollars pour le gouvernement. Par exemple, selon le site Speeding Tickets Facts aux États-Unis, plus de six milliards de dollars de revenus proviennent annuellement des amendes pour excès de vitesse. Imaginez combien d'argent les gouvernements des pays en développement pourraient collecter chaque année grâce au grand nombre de voitures circulant sur leurs routes. De plus, pour émettre ces amendes et collecter cet argent, il faut embaucher de nombreux policiers et employés administratifs.

Avoir des millions de voitures signifie aussi la nécessité de centaines de magasins vendant des pièces automobiles. Il serait fascinant et bénéfique que ce pays fabrique lui-même toutes ces pièces. Des millions d'emplois pourraient être créés, chaque voiture comportant en moyenne 30 000 pièces, des plus petites vis aux blocs moteurs.

Des millions de voitures impliquent aussi un entretien constant des routes, un besoin accru de feux de circulation et leur production. Des milliers de panneaux de signalisation seront nécessaires ainsi que leur maintenance.

Plus de feux, de poteaux et leur entretien sont nécessaires sur les autoroutes, ponts, boulevards et rues. Dans une société parfaite, une famille aurait besoin d'au moins deux voitures pour faciliter ses déplacements. Supposons qu'un pays compte 10 millions de familles ; il faudra alors 20 millions de voitures pour rendre leur vie facile et agréable. Avec 20 millions de voitures sur les routes, on peut créer fidèlement des millions d'emplois.

En conclusion, les gouvernements des pays en développement doivent agir pour permettre aux immigrants d'envoyer de l'argent ou des transferts (remises) afin de participer à la construction de l'économie de leur pays et aider leurs compatriotes à être heureux. Les transferts peuvent accroître la consommation intérieure de biens et services, et réduire la pauvreté. Ils offrent aux pays l'opportunité de financer de nouveaux projets et d'embaucher plus de personnes. En 2022, les transferts vers l'Inde, par exemple, ont atteint 100 milliards de dollars, et vers le Mexique environ 60 milliards ; ce sont des sources importantes de fonds nécessaires. Les compatriotes, de leur côté, doivent s'engager et participer pour rendre tout cela réalisable. Les migrants de retour, forts de leur expérience, peuvent développer leurs entreprises dans leur pays d'origine ; ils ont vu comment fonctionnent les affaires dans les pays développés et peuvent appliquer ces méthodes et modes de fonctionnement chez eux.

Banque et Confiance

Pour qu'une économie reste stable ou atteigne des sommets, les citoyens doivent aussi faire confiance aux banques locales. Pour y parvenir, le gouvernement doit promettre de protéger l'argent déposé dans les banques en cas de perte, de vol ou de toute opération bancaire ou investissement malheureux. Cela permettra aux citoyens d'avoir confiance dans le gouvernement, d'être sereins, et enfin de déposer davantage d'argent dans ces banques. Par exemple, la Federal Deposit Insurance Corporation (FDIC) aux États-Unis a été créée pour restaurer la confiance dans le système bancaire américain. Cette agence peut assurer jusqu'à 250 000 $ par déposant, une méthode intelligente pour maintenir la stabilité et la confiance du public dans le système financier national.

Toutes les banques locales ont besoin des économies des gens pour fonctionner et survivre ; elles utilisent cet argent pour divers investissements et projets afin de générer plus de revenus. Lorsque les banques fonctionnent très bien, elles peuvent réaliser des millions de dollars et s'adaptent éventuellement à toute crise économique pouvant affecter l'économie. Le gouvernement a aussi besoin de cet argent pour payer tous les employés fédéraux et assurer le bon fonctionnement de tous les bureaux fédéraux. Cependant, il doit restituer l'argent des déposants chaque fois qu'ils en ont besoin pour instaurer une confiance inconditionnelle.

Les banques doivent également introduire de nouvelles technologies telles que les cartes de crédit et la banque en ligne. Les cartes de crédit signifient moins d'argent liquide en circulation et moins de billets imprimés. Imprimer davantage de billets mène souvent à l'inflation, un phénomène difficile à maîtriser. De plus, imprimer de la monnaie coûte de l'argent. Par exemple, imprimer un billet d'un dollar aux États-Unis coûte 5,4 cents, tandis qu'un billet de 100 dollars coûte 15 cents. De manière surprenante, selon DW

News, après des décennies d'indépendance, environ deux tiers des 54 pays africains continuent d'importer leur monnaie de France, d'Allemagne, du Royaume-Uni ou d'Amérique du Nord. Ils le font pour des raisons de sécurité et prétendent que cela coûte moins cher.

Ironiquement, en 2018, le Ghana a payé environ 92 000 $ uniquement en frais d'expédition. Les entreprises d'impression facturent les pays en fonction des exigences relatives aux designs, aux caractéristiques de sécurité sur chaque billet et au nombre de coupures à produire.

Imprimer des devises à l'étranger entraîne parfois une pénurie de liquidités, ce qui soulève des questions sur l'autonomie réelle, la sécurité nationale et la fierté nationale.

Si un pays décide d'imprimer une nouvelle monnaie, celle-ci doit être vraiment belle et porteuse de sens pour préserver sa valeur et son état. Pour que les billets restent sûrs, propres et durables, ils devraient être fabriqués en polymère synthétique.

Des pays comme l'Australie, le Royaume-Uni, le Canada, le Vietnam, le Mexique et le Maroc ont introduit des billets en polymère. Ces billets sont imperméables, résistants à la saleté, ont une longue durée de vie, sont difficiles à contrefaire et faciles à recycler. L'argent devrait porter les noms et les portraits de leaders importants qui ont influencé l'histoire du pays, et pourquoi pas ceux de scientifiques mondialement connus qui ont marqué les vies, afin que les nouvelles générations soient inspirées à devenir de bons citoyens et de bons leaders.

Les banques doivent inciter activement les entrepreneurs à emprunter de l'argent pour soutenir l'économie. Elles devraient permettre aux hommes d'affaires d'emprunter autant d'argent qu'ils le souhaitent dans le but principal de stimuler l'économie et de créer des emplois. Elles pourraient aussi établir une liste des secteurs nécessitant une amélioration dans le pays comme première condition pour accorder des prêts. La deuxième condition serait l'embauche de personnel. C'est une méthode intelligente pour fournir au pays toutes sortes de biens et services, et aussi une façon très efficace de créer des milliers d'emplois.

Plusieurs jours fériés sont bénéfiques pour l'économie

Plusieurs jours fériés permettent de maintenir l'économie active dans une certaine mesure. Pour illustrer cela, je prendrai l'exemple des États-Unis, qui comptent plus de jours fériés que tout autre pays au monde. Il y a environ un jour férié par mois aux États-Unis, et chaque fête est célébrée avec enthousiasme. Par conséquent, les entreprises, supermarchés, magasins de vêtements et bijouteries profitent énormément de ces fêtes en vendant leurs produits en continu. Par exemple, la Saint-Sylvestre est un jour férié où presque tous les restaurants sont réservés pour des célébrations. En conséquence, les restaurants commandent des tonnes de viandes, volailles, pâtes, légumes, sauces, gâteaux et boissons. En préparation de ce jour, les agriculteurs produisent plus de fruits, légumes, œufs, ainsi qu'une abondance de viande et de volaille. Les boulangeries s'approvisionnent en blé et farine avant cette fête pour fabriquer une variété de gâteaux destinés aux restaurants. Les fabricants de boissons se mobilisent aussi pour répondre à la demande dans tous les lieux célébrant cet événement mondial.

Évidemment, ces entreprises, boulangeries, restaurants et fermes ont besoin d'aide supplémentaire — travailleurs, chauffeurs, serveurs, cuisiniers. Lors de cette fête, plus de personnes sont embauchées que pendant toute autre saison. Cet épisode engendre la création d'emplois saisonniers, qui, étonnamment, deviennent parfois permanents.

En préparation de la deuxième fête, qui a lieu le 14 février — la Saint-Valentin — les agriculteurs plantent et vendent plus de fleurs, les bijouteries vendent plus d'or et de diamants, et les restaurants et magasins de vêtements sont extrêmement occupés. Pendant cette célébration, de nombreuses entreprises sont actives dans la conception, la fabrication, la production, le transport et la vente de leurs produits. Chaque article nécessite des centaines, voire des milliers de personnes pour être produit et rester en activité jusqu'à la prochaine fête.

En mai, il y a deux grandes fêtes : la fête des Mères et le Memorial Day. Pendant la fête des Mères, les restaurants et magasins de vêtements sont très fréquentés, ce qui implique que les usines de vêtements doivent produire davantage, et les restaurants doivent planifier soigneusement pour accueillir le grand nombre d'invités célébrant cette fête respectée. À la fin du mois de mai arrive le Memorial Day, un jour où les Américains honorent et pleurent les militaires américains morts en service. C'est un jour férié payé, et beaucoup voyagent pour rendre visite à leur famille dans différentes régions des États-Unis. C'est une célébration importante, et les gens dépensent beaucoup d'argent en sorties, restaurants ou séjours au bord de la mer. Dans tous les cas, les entreprises continuent à produire et les travailleurs conservent leur emploi.

La plus grande fête aux États-Unis est Noël. Noël est le plus important stimulant économique pour de nombreux pays à travers le monde, augmentant considérablement la production et les ventes dans presque tous les secteurs du commerce de détail pendant cette période populaire. L'offre et la demande de biens et services augmentent autour de Noël. En 2022, on estimait que 876 milliards de dollars avaient été dépensés en cadeaux et ventes de détail pour Noël. Une telle somme oblige chaque département de chaque entreprise à accroître la production, la distribution et la vente de ses produits.

Thanksgiving est une autre grande fête aux États-Unis, où des millions de personnes voyagent pour célébrer avec leur famille. Selon les données américaines, Thanksgiving est la journée la plus chargée pour les voyages aériens aux États-Unis. De plus, les épiceries voient leurs ventes s'envoler pour des produits allant des viandes rouges et blanches à toutes sortes de boissons et bonbons. En 2020, les ventes pour Thanksgiving ont dépassé les 5 milliards de dollars.

En plus d'Halloween et de la fête du Travail, il y a la fête des Pères… sans oublier les anniversaires que presque chaque personne célèbre. Si certaines personnes dépensent modestement pour leur anniversaire, d'autres y mettent les moyens ; cependant, sachant que les États-Unis comptent 320 millions d'habitants célébrant leurs anniversaires, il y a plus de 800 000 anniversaires chaque jour. Imaginez la somme dépensée en vêtements, bijoux, gâteaux, boissons, fleurs et pour organiser des fêtes à ces occasions. Les pays en développement devraient comprendre que les fêtes et célébrations sont bénéfiques pour l'économie. Chaque fête offre à de nombreuses entreprises l'occasion de gagner de l'argent et de maintenir leurs employés.

Les écoles devraient également avoir la possibilité de générer des fonds pour couvrir au moins une partie de leurs dépenses. Parfois, les districts scolaires n'ont pas assez d'argent pour offrir un déjeuner gratuit aux enfants. Dans certains pays en développement, les écoles manquent d'équipements de base comme des fenêtres, des tables adéquates, des fournitures scolaires, du chauffage ou de l'eau. Elles devraient donc être autorisées à utiliser leurs salles de classe, gymnases, amphithéâtres et cafétérias pour organiser des événements tels que conventions, réunions, conférences et célébrations comme des fiançailles, mariages, baby showers et anniversaires — surtout pendant les vacances d'été.

Conclusion

Bien que les pays en développement possèdent les ressources et les moyens nécessaires pour lancer une économie, ils échouent souvent à le faire. De nombreuses causes, connues ou inconnues, restent des obstacles majeurs. Certaines sont politiques, d'autres économiques, et certaines demeurent énigmatiques. Ce livre aborde ces problèmes et expose comment établir une infrastructure économique capable de conduire à une économie forte et durable.

La responsabilité de montrer la voie ne repose pas uniquement sur les gouvernements, mais aussi sur les citoyens. Ce sont eux les décideurs ultimes dans leur pays. Gouvernements et citoyens des pays en développement doivent garder à l'esprit qu'il n'y a plus de temps à perdre. Ils doivent se lancer dans la mise en œuvre de ces étapes pour faire avancer leurs pays. Ils doivent également se rappeler que personne ne viendra à leur secours ; nous vivons dans un monde dur où la survie est réservée aux plus forts.

Ce livre offre un aperçu sur la manière d'initier une nouvelle ère de développement économique pour une économie en difficulté dans un pays spécifique, à un moment donné. Pour plus d'informations et de détails sur la mise en œuvre de ces étapes, vous pouvez m'envoyer un courriel à mattbsellama@gmail.com. Je serai ravi de vous aider.

www.ingramcontent.com/pod-product-compliance
Lightning Source LLC
Chambersburg PA
CBHW052116030426
42335CB00025B/3009